南島に輝く女王　三輪ヒデ

南島に輝く女王 三輪ヒデ

国のない女の一代記

倉沢愛子
Aiko Kurasawa

岩波書店

はじめに

ある歴史が歴史家の目にとまるか、あるいはそのまま見過ごされてしまうかは、ちょっとした偶然によるものかもしれない。インドネシアの歴史を専門とする私は、日本軍が占領統治していた時代(一九四二—四五年)の記録を求めて、大学院生のころから、かれこれ四〇年以上、ハーグ、アムステルダム、ロンドン、ジャカルタなど各地の文書館に何度も何度も足を運んでいた。いまから一五年くらい前のある日、もう新しい資料なんて出てくるはずはないだろうな、と半ばあきらめかけながら、ジャカルタの国立文書館に足を運び、「(蘭印政庁)官房長官文書一九四五—一九四九」と分類され、未整理のまま放りこまれていた文書の山を掘り起こしていた。戦争中日本軍に統治権を奪われていた旧宗主国オランダは、戦争直後のこの時期、再びインドネシアで権力を取り戻して、地域によっては統治を復活させており、この文書はその時期のものであった。その後一九四九年に、オランダはインドネシア政府に主権を委譲してこの国を去ったのだが、そのとき、公文書の一部は役所の書架に置いたままにされ、のちにインドネシアの国立文書館に引き取られて保存されるようになった。

無造作に箱に入れられただけの様々な文書のなかに、米軍占領下の東京でGHQ(連合国軍最高司令部)内にあったオランダ軍事使節団とバタヴィアの政庁とのあいだで交わされた書簡が、他の書類とごっちゃまぜになって保存されていた。何の気なしに一通を手に取ると、オランダ軍事使節団の政治顧問ペニンクから、ジャワ島の高原都市バンドゥン在住の白系ロシア人ニコライ・グラーヴェなる人物に対して一九四七年に送られた手紙であった。内容は、日本軍の軍属と結婚して終戦直後に日本に嫁いでいた彼の二人の娘が、日本人の夫とうまく行かず、インドネシアへの帰国を望んでいるということを知らせるものだった(一三二頁参照)。それに対して、グラーヴェ自身からの返事はなく、代わりに、その当時バンドゥンを含むプリアンガン州を統括していたオランダ人の州長官から回答があり、そこではニコライ・グラーヴェは現在オランダ当局によって投獄されていること、その娘たちの母親ヒデは日本人で、同じく投獄されており、両親とも日本の占領下で日本軍に協力した反オランダ的な人物であるから、その娘たちをこの地へ戻すのには賛成しかねる、ということが述べられていた。バンドゥンはオランダが支配を復活させていた地域の一つで、オランダ人の州長官が再度任命されていたのである。この二通の往復書簡に私は釘づけになってしまった。

それは一見、まったく個人的な内容で、国家天下を論じるような「重要」な政治問題についての情報を含むようなものではない。ところが私にとっては、歴史を構成する一人一人の人間の運命が刻まれた、実に興味深い文書だった。なんでもないようで、実は歴史のいろいろな知られざる事実を描き出した貴重な資料であった。明治生まれと思われる日本の女性が、ロシア人と結婚して何らかの事情でオランダ領東インドのバンドゥンに住み、やがて日本軍がやってきたときに協力した、ということだけでも非常に面白い事実だが、さらに、二人のあいだに生まれた娘たちが、終戦後日本軍の軍属と結婚して日本へ渡っていた事実があることは驚きだった。しかも、対日協力の咎《とが》でグラーヴェ夫妻は投獄されたというのである。なんという稀有な運命を背負った家族なのであろう。私はこの家族のことが心から離れず、自分の研究の本流ではなかったが、その後ずっと関心をもち続けてきた。

そうこうするうちに、しばらくたってから、同じジャカルタの文書館の別の束から、バンドゥンに残っていたグラーヴェ家のもう一人の娘エレナさんが、日本に嫁いだ姉妹に宛てて書いたオランダ語の手紙が出てきた。家族の様子を事細かく描写したこの手紙によって、家族一人一人の名前や年齢など全体像が見えてきた。それによると、グラーヴェ夫妻には九人の子供があり、その手紙が書かれた当時は七人がバンドゥンに住んでいたようだった。

そこでバンドゥンに足を運んで、グラーヴェ家のことを知る人がいないかと聞き歩く私の「探偵ごっこ」が始まった。古い時代を知る人たちに尋ね、断片を知る人たちの情報を合わせていくと、やがて、末娘のリリーさんだけがインドネシア人に嫁いで、今でもバンドゥンに住んでいることがわかった。そしてなんという偶然か、私がバンドゥンで調査をするときにいつもご自宅に泊めてくださっていたインドネシア人研究者アブラルさんが、リリーさんは自分の友人の母親だと気づき、その足ですぐ、私をリリーさんのお宅まで連れて行ってくれたのだ。この偶然がなかったなら、私はそんなに簡単にグラーヴェ一家に出会うことはできず、この本は完成を見なかったであろう。最初に文書館で文書を見つけてからすでに数年たっていた。

リリーさんは七〇歳を超えていたがまだお元気で、私の突然の訪問に驚き、最初はなんとなく不安げであったが、アブラルさんの口添えで少しずつ心を開き、両親のこと、自分の生い立ちのことなどを語ってくれた。
ロシア人と結婚した日本人女性は、三輪ヒデという名前の函館出身の明治の女性だということがわかったが、さらに聞いていくと、この家族の運命は、革命、亡国、亡命、戦争、移民、脱植民地化など歴史の様々な重要な断面とともにあった。一九一七年のロシア革命で国を追われた白系ロシア人の男性と日本人の女性が函館で出会って結婚し、オランダの植民地、東インド(現在のインドネシア。日本では当時蘭印と呼ばれた)に移住して農園を切り開いて住みついた。そこで九人の子宝に恵まれ、順調に農園経営を続けていたが、第二次世界大戦が始まると、日本軍がやってきて、このオランダの植民地はその統治下におかれた。戦争が終わると、インドネシアの住民たちは復帰してきたオランダからの独立を叫び、闘いを挑む。そして植民地宗主国オランダの人々は徐々に片隅に追いやられていった。

壁にかけてあった両親の写真を手に取りながら説明するリリー．右はレヴァナ，左はユラ．

そのような激動のなかで、グラーヴェ家の家族の一人一人が数奇な運命を歩むことになった。植民地支配者のオランダ人と同じ運命におかれたグラーヴェ一家は、インドネシアの独立当初は引き続き認められていた権益を、やがてインドネシアのナショナリズムの高揚とともに剝奪され、最終的にはこの国を立ち去らねばならなくなった。白系ロシア人として無国籍を貫いたニコライ氏と、インドネシア人と結婚したリリーさんだけはそれを免れたが、ヒデさんも他の子供たちもオランダに移住することになった……。リリーさんの話は冒険と困難と栄光とロマンに満ち、驚きの連続だった。もちろん話は一回では終わらない。その後も何度も何度もリリーさんのもとに通って聞き書きをした。

それでも一九三五年生まれのリリーさんが知っていることは限られているし、それに兄弟姉妹のうち一人は一九五〇年代にインドネシアで早世したが、その他はインドネシアを去ってオランダ、アメリカ、イタリアなど海外へ移住したので、そののちの彼らについては知らないことも多い。

そのほとんどはもう亡くなっているが、ヒデさんの孫の世代はまだ残っている。リリーさんは、「アイコさん、世界中を回ってこなければグラーヴェ家の全体像はわからないわよ」という。そして、海外のあちこちにいる姪や甥たちの連絡先を知らせてくれた。そこから私の、とてつもなく長い、海を越え、あちこちをかけまわり、この一族のたどった運命を探る「探偵ごっこ」が始まった。

それからすでに十余年。グラーヴェ一家のダイナミックな歩みのほぼ全容がようやく明らかになり、今回一冊の単行本としてまとめることになった。本書は、その家族の中心にあった明治生まれの日本女性、三輪ヒデに焦点を当て、口頭で得られた断片的な情報を、歴史事実と照らし合わせて検証しながら、再構成したものである。歴史の目まぐるしい変化のなかで、劇的なまでの逆境に翻弄されても、決してみじめではなく、試行錯誤を繰り返しながらも運命に立ち向かっていったその人間像を、描き出したいと思ったのである。

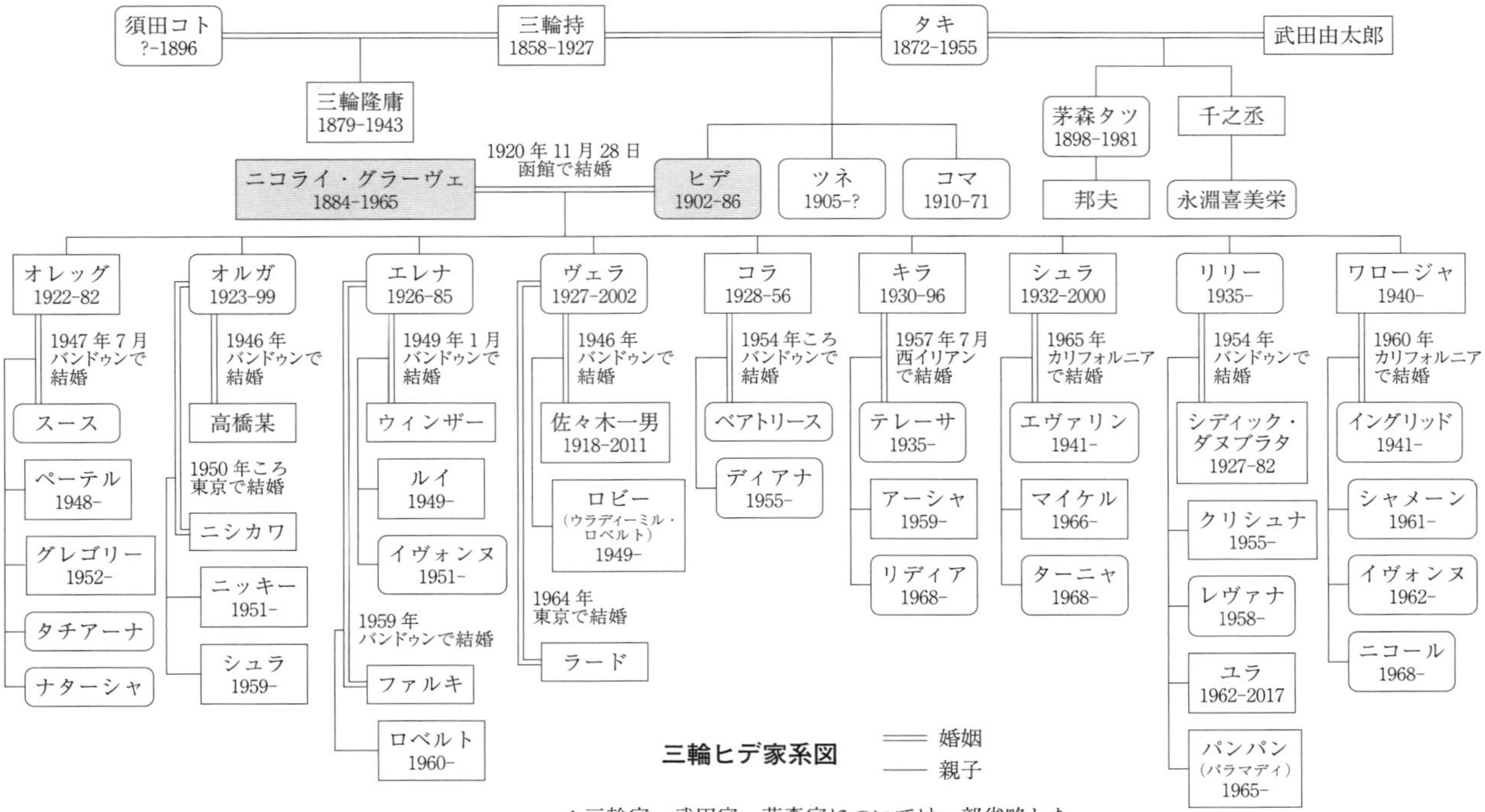

須田コト ?-1896
三輪持 1858-1927
タキ 1872-1955
武田由太郎
三輪隆庸 1879-1943
茅森タツ 1898-1981
千之丞
1920年11月28日 函館で結婚
ニコライ・グラーヴェ 1884-1965
ヒデ 1902-86
ツネ 1905-?
コマ 1910-71
邦夫
永淵喜美栄
オレッグ 1922-82
1947年7月 バンドゥンで結婚
スース
ペーテル 1948-
グレゴリー 1952-
タチアーナ
ナターシャ
オルガ 1923-99
1946年 バンドゥンで結婚
高橋某
1950年ころ 東京で結婚
ニシカワ
ニッキー 1951-
シュラ 1959-
エレナ 1926-85
1949年1月 バンドゥンで結婚
ウィンザー
ルイ 1949-
イヴォンヌ 1951-
1959年 バンドゥンで結婚
ファルキ
ロベルト 1960-
ヴェラ 1927-2002
1946年 バンドゥンで結婚
佐々木一男 1918-2011
ロビー （ウラディーミル・ロベルト） 1949-
1964年 東京で結婚
ラード
コラ 1928-56
1954年ころ バンドゥンで結婚
ベアトリース
ディアナ 1955-
キラ 1930-96
1957年7月 西イリアンで結婚
テレーサ 1935-
アーシャ 1959-
リディア 1968-
シュラ 1932-2000
1965年 カリフォルニアで結婚
エヴァリン 1941-
マイケル 1966-
ターニャ 1968-
リリー 1935-
1954年 バンドゥンで結婚
シディック・ダヌブラタ 1927-82
クリシュナ 1955-
レヴァナ 1958-
ユラ 1962-2017
パンパン （パラマディ） 1965-
ワロージャ 1940-
1960年 カリフォルニアで結婚
イングリッド 1941-
シャメーン 1961-
イヴォンヌ 1962-
ニコール 1968-
＝ 婚姻
― 親子

三輪ヒデ家系図

＊三輪家，武田家，茅森家については一部省略した．

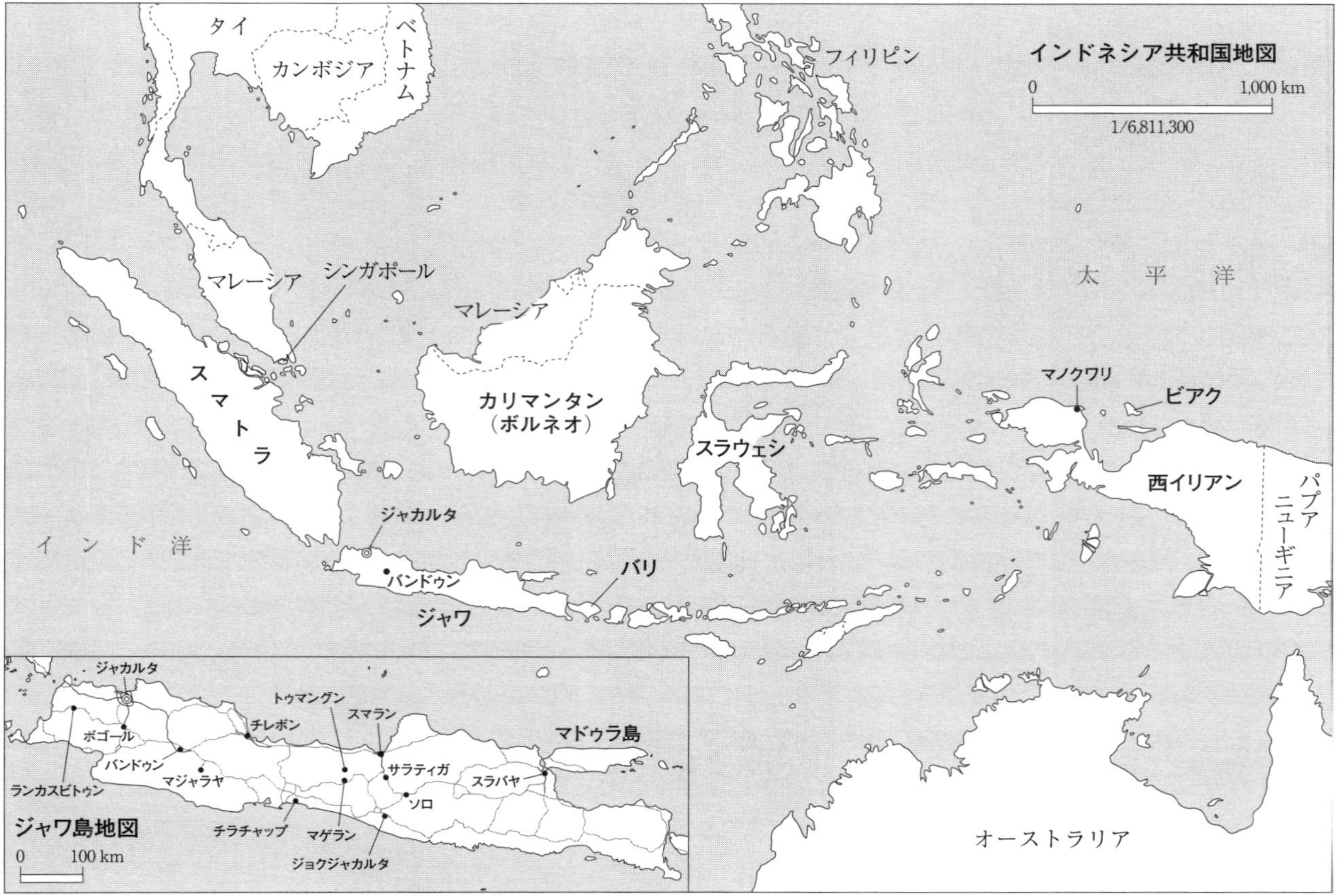
インドネシア共和国地図
0
1,000 km
1/6,811,300
タイ
カンボジア
ベトナム
フィリピン
マレーシア
シンガポール
マレーシア
スマトラ
カリマンタン
（ボルネオ）
スラウェシ
マノクワリ
ビアク
西イリアン
パプアニューギニア
太平洋
インド洋
ジャカルタ
バンドゥン
ジャワ
バリ
オーストラリア
ジャワ島地図
0
100 km
ジャカルタ
ボゴール
ランカスビトゥン
バンドゥン
マジャラヤ
チレボン
トゥマングン
スマラン
サラティガ
ソロ
マゲラン
チラチャップ
ジョクジャカルタ
スラバヤ
マドゥラ島

目次

目次

＊本書に収録した写真は、とくに断りのない限り、リリー・ダヌブラタ氏およびウラディーミル・ロベルト・グラーヴェ氏より提供されたものである。

I

南島に輝く女王

ニコライ夫妻とオレッグ(中央)と
オルガ(左端). 1923年撮影.

1 国際都市函館に芽生えたロマン
——ニコライ・グラーヴェとの出逢い

ハリストス正教会で挙式

函館の港から、函館山山麓に向かう八幡坂を上りつめると、小高い丘にひときわ高くハリストス正教会の尖塔がそびえている。現在函館有数の観光名所となっているこの瀟洒な教会で、一九二〇(大正九)年一一月二八日、モイセイ白岩徳太郎司祭のもとで、三輪ヒデという一八歳の士族の子女と、ニコライ・グラーヴェ(Nicholai Grave)という三六歳の帝政ロシアの貴族の婚礼が執り行われた。挙式に次いで、当時としては珍しい洋風レセプション会場、五島軒《ごとうけん》で披露宴が行われた。創業一八七九(明治一二)年の五島軒は、鹿鳴館の雰囲気を秘め、その当時北海道ではもちろん、東北地方を含めても唯一の本格的な洋食を提供できる宴会場であった。一般庶民にはおおよそ縁のない世界で、領事館や官庁のレセプションに使われるのがもっぱらで、いわゆるセレブのあいだで函館の鹿鳴館のような役割を果たしていた。当時の日本では裕福な家庭でも婚礼の宴は自宅で行うのが普通で、三輪ヒデはここで華燭の典を挙げたというだけで、さぞかし巷の噂を誘ったものと思われる。

ロシアの伯爵との結婚と、あこがれの五島軒での華燭の典ということで地元の新聞もにぎわしたらしい。この松前藩士族の令嬢と帝政ロシア貴族の子息はいったいどこでどのように出逢い、結ばれたのだろうか？　また二人はその後どのような人生を歩んだのだろうか？　それはまったく稀有な運命に彩られた一代記で、平和な時代の私たちの理解を超えた、気の遠くなるような壮大な物語であった。

松前藩の士族の娘として

三輪ヒデは、一九〇二(明治三五)年、松前藩士三輪家一三代目の三女として函館に生まれた。三輪家の先祖をたどると、奈良県の三輪町(現在の桜井市)の出身だそうだが、何らかの事情で北海道へ渡り、松前藩の藩士となった。一六五五(明暦元)年ころから代々同藩の寺社奉行をしていたという記録が、松前町史編集室の資料に残っている。松前藩と言えば、幕末の北の防衛、つまりロシアとの外交関係において極めて重要な藩だったのであるが、函館におけるロシア人研究の専門家、清水恵の『函館・ロシア　その交流の軌跡』によると、一八五三(嘉永六)年九月に松前藩の樺太《からふと》経営の拠点であったサハリン島の久春古丹《くしゅんこたん》(現在のコルサコフ)村がロシア兵に占拠されるという事件が発生し、その問題の解決のために、三輪家の主《あるじ》、三輪持《たもつ》らが派遣された記録があるという。

苦難の歴史をのりこえて　相次ぐ大火災と強制徴用

OVERCOMING A SUCCESSION OF FIRES AND AMERICAN OCCUPATION

明治19年7月の函館新聞の広告によると、「永年フランスで修業した、老巧の料理人を雇い入れ、宴会もできる本格的なフランス料理店開店」と伝えています。

函館は潮風が強く、火事の発生が異常に多かった。このあとも店は明治29年の大火で末広町基坂下に移転、更に明治40年の大火で現在地に再度移転しました。

現在地でも大正10年に被災し、函館史上最後の大火となった昭和9年の大火でも焼失しましたが、その都度新築し現在にいたりました。第2次世界大戦下の米軍の爆撃では多くの都市が破壊されました。函館では連絡船、造船所は壊滅状態でしたが、幸いにも市街地は被害が軽微であり、当店も無事でした。しかし、終戦と共に五島軒の建物はアメリカ占領軍により、強制徴用され、この期間、昭和20年10月から25年8月までは、市内西川町の市民館内で細々と営業を続けざるを得ませんでした。また、米軍から返還後、日本政府から少額の補償金が支給されたのは更に3年後の昭和28年のことでした。

An advertisement in the July 1886 issue of a Hakodate newspaper announced the opening of an authentic French restaurant where parties can be accomodated as an experienced chef trained in France has been employed. Sea breezes in Hakodate were so strong that fire outbreaks were frequent. After the great fire in 1896, the restaurant moved to the bottom of the Motoi slope in the town of Suehiro. After another great fire in 1907, the restaurant finally moved to the present location. Even at the present location, the restaurant was burnt down twice, once in 1921 and then in 1934, the biggest fire in the history of Hakodate. Each time the restaurant was rebuilt. During the second World War, many towns and cities in Japan were destroyed by the Americans. The ferries and shipbuilding yards in Hakodate were no exception. Fortunately, the city of Hakodate was spared this faith and as such the restaurant was left unscathed. After the war, the Gotoken building was occupied from October 1945 to August 1950 by the American army.

The business barely survived in its new venue at the Nishikawa community hall, Hakodate. It was only 3 years after the building was returned in 1953 when the Japanese government compensated it with a meager sum of money.

五島軒ホテル　大正11年

大正期の五島軒(同社パンフレットより).

一九〇六(明治三九)年にヒデの父が自筆で書いた履歴書によれば、彼は、上磯郡の知内《しりうち》町で一八五八（安政五）年に、その三輪持の長男として生まれ、父と同じく持《たもつ》と名付けられた。二代続けて同じ名前を襲名していたらしい。持ジュニアは三歳で両親と別れ、祖父母に育てられた。明治維新に際して、松前藩は京都の皇室を担ぎ上げる官軍側についたため、持は一八六八（明治元）年には数え年一三歳にして徳川軍と戦ったと記されている。そのとき徳川幕府はすでに江戸城を明け渡し、大政奉還を行い、天皇を長とした新政権が成立していたが、その後の徳川家の処遇を不満とした榎本武揚が、旧幕臣を蝦夷の地に移住させ、北方の防備と開拓にあたらせようと画策し、艦隊を率いて松前藩の領内であった函館（当時は箱館）にやって来たのだった。それが一八六八―六九（明治元―二）年のことで、世に箱館戦争あるいは五稜郭の戦いと呼ばれるものであるが、実はその前に榎本は松前城の攻撃も行っている。しかし、松前藩を中心とする官軍にこれを阻まれたのだった。

その後、持ジュニアは、一八七七（明治一〇）年には官軍について九州まで赴き、伍長として西南の役に従軍している。函館に戻って一八八二（明治一五）年に巡査になり、それ以降は警察や内務省関連機関で働いていたようだ。一八八六（明治一九）年には函館県警察署泉澤分所長心得となり、一八八七（明治二〇）年には警部補に昇進した。知内・小谷石両村の戸長、次いで七飯《ななえ》警察署知内分署長になっている。その後警察を依願退職し、知内で学務委員会、衛生組長、漁業組合事務取扱などを務めた。

持は、須田コトと結婚し、長男隆庸を始め五人の子供をもうけたが、コトは一八九六（明治二九）年七月、末子がまだ三歳のときに死去した。そこで松前出身の茅森タキと一九〇一（明治三四）年に再婚。そのときタキは、最初の結婚でもうけた三歳の娘タツといっしょに暮らしていたが、再婚に際してその娘も「妻の長女」、つまりいわゆる「連れ子」として同じ三輪の戸籍に入れている。ヒデは持とタキのあいだの最初の実子として、一九〇二(明治三五)年九月に生まれたが、そのようなわけで、彼女には腹違いや父親違いの兄弟姉妹がたくさんいたのである。

ヒデの生地は、函館市船場町二八番地(現在の末広町三〇番地)となっており、これはそのころの三輪家の本籍地である。次いで一九〇五(明治三八)年には妹のツネ、さらに一九一〇(明治四三)年にはコマが生まれている。ちなみにその同じ年に、腹違いの長兄隆庸には息子庸一、つまり持にとっては初孫、五歳のヒデにとっては甥が生まれている。

函館山から望む巴湾(20 世紀初頭).

西洋文明の玄関——函館

ヒデが生まれ育ったころの函館は、どのような町だったのであろうか？　箱館はペリー来航を受けて一八五四(嘉永七)年に結ばれた神奈川条約(日米和親条約)によって、日本の開国とともに最初に開かれた港の一つであった。この同じ年にペリーが再び来日したときには箱館港に入港している。またロシア船も入港している。巴《ともえ》の形にくびれた美しい湾が、箱館を天然の良港にしていた。次々に外国船が入港し、ここを玄関として日本に西洋文明がもたらされたのである。

それは単なる一つの地方都市ではなく、明治鹿鳴館文化の先端を行く、エキゾチックな国際都市であった。オランダ的な長崎、アメリカ的な横浜に比べて、箱館はロシア文化の匂いが強かったとも言われる。ロシアの漁業関係者が商会を設立したり、ロシア菓子、ロシア料理の店、ラッコやアザラシの毛皮店などがあった。箱館には明治維新の最初のころからすでに旅館ではなく「ホテル」という名称の洋風の宿泊施設もできていたという。

ヒデとニコライが婚礼の祝宴を開いた五島軒も、今ではフランス料理の店として知られているが、設立当初はロシア料理の店だった。というのは、初代料理長に採用されたのは、もともと五島藩の武士で、戊辰戦争に巻き込まれて箱館へ渡り、闘い敗れてハリストス正教会に匿われていた五島英吉《ごしまえいきち》なる人物であった。彼は教会で働くあいだにロシア料理を覚え、一八七九(明治一二)年に若山惣太郎が設立した料理店に料理長として採用されたのであった。そして、店の名も彼の出身地にちなんで五島軒となづけられた。一九一二(大正元年)年にはこの店の看板が英語からロシア語に取り換えられたという記事が函館日日新聞に掲載されている。それほど函館では、「ロシア」が「西洋」を代表していたのだった。

ロシアとの関係は現在でも強く、一九九二年にはウラジオストック市と、また一九九七年にはユジノサハリンスク市と姉妹都市提携している。また一九九四年、ロシア極東国立総合大学(現在はロシア極東連邦総合大学)函館校が開校されている。

一九二六(大正一五)年に函館に来たイタリア大使は「日本に来てかかる絶景は初めてである。……函館港は波静かで、ナポリのようだ」と語ったという。今でも函館港の夜景は世界三大夜景の一つとも称される。

三輪ヒデの生まれ育った船場町には、幕末の大商人高田屋嘉兵衛所有の造船所があり、船がよく係留されていたので、このような名前がつけられたという。このあたりは現在「赤レンガ倉庫街」と呼ばれて観光名所になり、若者たちの人気を集めている。戸籍で確認された三輪家の住所、船場町二八番地には、現在四軒の住居がある。当時は相当大きなお屋敷だったようだ。船場町という名称は一九六五年に住所表記の変更でなくなり、現在は末広町の一角になっている。

その地域から八幡坂と呼ばれる幅広い、しかし急な坂が函館山の山麓へ向かってのびている。それを上りつめると、冒頭で紹介したハリストス正教会をはじめとして、キリスト教関係の諸施設がたくさん並ぶ、異国情緒にあふれた元町界隈へ出るのだった。ニコライ・グラーヴェと三輪ヒデが神の前で永遠の愛を誓ったハリストス正教会は、一八五九(安政六)年ロシア領事館付属聖堂として建立され、敷地内にロシア領事館、ロシア病院も建てられ、ロシア文化の中心地だった。この教会は一九〇七(明治四〇)年の大火で焼けたのち、しばらくそのままになっていたが、東京にいたニコライ大主教が非常に心を痛め、一九一二(明治四五)年に亡くなるまで再建のために本国を始め各地から寄付を募ることに奔走していた。その後一九一六(大正五)年に宣教師シフゲルチェルが本国で多額の寄付金を得て来日し、ようやく再建が実現したのであった。

ヒデの生地周辺は現在金森赤レンガ倉庫街として観光名所になっている(2010年筆者撮影).

函館ハリストス正教会(孫のロベルトが2018年撮影).

とはいえ、一九一七(大正六)年のロシア革命後は、宗教弾圧のため、帝政ロシア時代にはあった本国からの維持運営のための資金援助もなくなり、維持がむずかしくなっていたようである。

そのすぐ北隣にはキリスト教系の遺愛幼稚園が、その道路を隔てた向かい側にはフランスの天主堂、つまりゴシック建築の元町カトリック教会があり、またそれと隣接してカトリック系の聖保禄《せいほろ》女学校(現在の函館白百合学園中学高等学校)があった。一九〇五(明治三八)年には、函館高等女学校(現在の北海道立函館西高等学校)がハリストス正教会のならびに創立された。当時、高等女学校は女子教育の最高峰で、地方都市では珍しい存在だった。少し離れたところには日本聖公会函館聖ヨハネ教会(イギリス系)、アメリカのメソジスト教会もあった。また当時の地図を見ると、それらの周辺に「外国人居留区」と記された地区があるし、少し離れた山麓には外国人墓地がある。この函館市の西部にあたる元町地域は今でも風光明媚で、市内最大の観光名所となっている。

函館はこのようにエキゾチックな国際都市であったが、それだけでなく、明治期には東北以北で最大の経済の中心地でもあった。ヒデの生まれた年、つまり一九〇二(明治三五)年に、北海道鉄道が開通して、函館から渡島《おしま》半島まで汽車が走った。一九〇八(明治四一)年に、青函《せいかん》連絡船が開通して本州との連絡もよくなったうえ、一九一〇(明治四三)年には札幌を経由して旭川まで鉄道が開通して、函館は北海道の玄関となった。また一九〇六(明治三九)年には、函館でのちの日魯漁業株式会社の前身が創立され、以来この町は北洋漁業の中心地として栄えてきた。

ヒデが結婚した一九二〇(大正九)年ころは、函館の人口は一四万四七四〇人で、全国で第九位、つまり六大都市以外では長崎、広島に次いで三番目の大都市であった。当時札幌は人口一〇万二五七一人でそれより人口が少なかったことを考えると、函館の重要性がわかるだろう。

とはいえ坂の多い雪国の生活は厳しかったようだ。北洋漁業が主たる産業であったこの地では、男性は留守がちで、冬季に暖を取り、炊事のための薪を割るのも女性の仕事だったという。また飲み水用の井戸が非常に少なく、川や共同井戸から水をくみ上げて運び、台所に備えた大きな瓶に水を蓄えておかねばならなかったのだが、その仕事は通常女性に課されたという。ヒデもそこまで駆り出されたかどうかはわからないが、しかしのちにジャワへ渡ってから農園開拓や不便な農園暮らしのなかで男勝りの仕事をした下地は、そのころ形成されたのかもしれない。当時女性は結婚すると歯を黒く染める習慣(鉄漿《おはぐろ》)が全国的にあったのだが、函館の女性はそれをしなかったという。古いしきたりに対する抵抗のしるしだったのだろうか?

函館は火事の多い街であった。一八七九(明治一二)年、一九〇七(明治四〇)年、そして最後は一九三四(昭和九)年に大火に襲われたが、一九〇七年にはヒデ自身これを体験している。

ところで函館日日新聞によると、函館に住んでいた外国人の数は、一九一二(大正元)年当時、全部で三八世帯一四二人。その内訳は、清国人が一六世帯九一人で一番多く、ついでイギリス人一一世帯一三人、ロシア人四世帯一三人、フランス人三世帯八人、アメリカ人二世帯九人、その他二世帯八人ということだった。のちにヒデの夫となるニコライ・グラーヴェは、もちろんこの時期にはまだ函館には来ていない。明治の終わりころ、小さな地方都市に一四二人もの外国人が定住していたというのは驚くべきことである。ヒデは明治期の近代化と国際化の先頭を行っていたこの国際都市の気風をフルに受けて育ったものと思われる。

ロシア革命と白系ロシア人の亡命

さて、このような国際都市函館で育った三輪ヒデは、いったいどのような経緯で、亡命ロシア人と結婚することになったのだろう。函館にとって「ロシア」はアメリカなどよりはるかに身近な国であったため、相手がロシア人であったというのはさほど珍しいことではなかったのかもしれない。

二人の出逢いを語る前に、まずニコライはどうして函館に来ていたのかを探ってみよう。彼は、一九一七年のボリシェヴィキ(共産主義者)による革命で帝政ロシアが崩壊したのち、祖国を逃れた亡命者、いわゆる白系ロシア人であった。亡命ロシア人についての研究で学位を取り、函館日ロ交流史研究会世話人代表を務める倉田有佳によれば、革命後国内戦争が終了するまでに二四〇万人がロシアを離れたとされ、日本入国者もその直後から増えて、ロシア人の数は一〇〇〇人程度になった。その後はロシアからの避難民の受け入れを制限するため、一九二〇(大正九)年二月からは一五〇〇円の提示金を入国の際に見せる義務を課すようになった。しかるべき身元引受人がいる場合はこれが免除されたものの、そのため新たな流入者は少なくなったという。その後一九二五(大正一四)年に日本政府がソ連政府を認めてからは流入者は減ったが、一九四一(昭和一六)年までは日本全国で難民の数は一〇〇〇―一六〇〇人台を数えていたという。

一九二〇(大正九)年に函館へ来たと推定されるニコライは、亡命に際しては身元を保証する引受人がいたか、一五〇〇円を支払ったか、あるいは漁船で来函したかであろう。多くの場合、日本への亡命ルートには、ウラジオストックと敦賀《つるが》のあいだを運航していた定期航路が使われたが、函館へやって来る人たちは、これとは別に、オホーツク・カムチャツカ方面、あるいは樺太からなど、漁業関係などで以前からこの地とつながりのある人が多かったという。もともと函館にはハリストス正教会があったこと、ロシア総領事館があったこと、北洋漁業関係者が多く来訪していたことなどから、同じ西洋のなかでもロシアの影響が非常に濃く、亡命の目的地としては適していたのだろう。

函館における亡命ロシア人の数がいかに多かったかは、函館日日新聞が一九二二(大正一一)年の函館在住ロシア人の数を百八十余人と記していることからもわかる。前述のように、ロシア革命前の一九一二(大正元)年の統計で、ロシア人は四世帯一三人であったことを考えると大きな増加であるし、他の国の国民の人口(たとえば中国人七〇人、フランス人三〇人など)に比べても非常に多い。また清水恵によると、外事警察特高課が把握していた数は、ロシア革命以前には函館市内(当時は函館市外だった湯の川などを除く)で一〇人程度であったのに、一九二五(大正一四)年には一五七人にもなったという。警察に届けていない者も含めると、一時的にはおそらく三〇〇人くらいいたのではないか、と清水は推定している。

熊谷孝太郎の『はこだて　記憶の街』によれば、二〇世紀初頭に、改革されたギリシャ正教徒を受け入れない「旧教徒」と呼ばれる人たちが移住してきて、函館郊外の湯の川に居住していたが、その後ロシア革命前後には反ボリシェヴィキの白系の人たちが、また日本政府がソヴィエト政府を承認してからは、ソヴィエト政府系(赤系)の人たちも多数やって来るようになった。その間一九二二(大正一一)年には、函館で白系の人たちと赤系の人たちのあいだで反目が起き、警察も市民も緊張する一幕があった。

日本における白系ロシア人の数は一九二五(大正一四)年がピークで、同年日本政府がソヴィエト政府を承認してからは、減少していった。おそらく他の国々へ移動していったのであろうと清水は言う。函館にあったロシア帝国の領事館は、この年新政権に引き継がれ、新しい領事が着任した。

ニコライ・グラーヴェ

函館に来るまでのニコライの経歴に関しては不明なことが多いのであるが、のちにニコライの死(一九六五年)に際して友人がしたためた追悼文や、バタヴィアのロシア領事館が一九二二年に発行した経歴証明書、そしてヒデとニコライの末娘リリーが父から聞いていた断片的な話などをつなぐと、その経歴はほぼ次のようだった。ニコライ・グラーヴェは、一八八四年六月二五日ヴォルガ川沿いのカザン県の貴族の家系の富裕な地主の家に生まれ、何不自由なく育った。リリーが聞いたところでは、ニコライの父方の祖母は、フランス人の血が入っていた。曽祖父バロン・アントニー・ヘンリー・ドゥ・ジョミニは、ナポレオン配下のフランス人の軍人だったが、のちにロシアへ行って帝国軍隊の将軍になったというのである。その時代にロシア人女性と結婚して、そのあいだに生まれたのがニコライの祖母だった。このようにニコライはフランスの血を受け継いでいた。

一九〇三年九月から一九〇五年四月までサンクトペテルブルクのパーヴェル軍事学校で学び、卒業と同時に近衛少尉に任ぜられた。そして、エリート部隊であるプレオブラジェンスキー近衛連隊で七年間奉職したのち一九一〇年に退役し、予備役に入り故郷へ帰った。そこで大規模な領地の経営にあたり三年を過ごした。このことが、のちにインドネシアへ行ってから農園を開拓する際の基礎知識となったのであろう。

一九一四年に第一次世界大戦が始まると現役に呼び戻され、再び近衛連隊に配属された。大尉にまで昇進したが、一九一七年一一月にボリシェヴィキ革命(ロシア革命)が起こった。世界最初の社会主義革命である。当時、第一次世界大戦でドイツとの戦いの真っ只中であったが、ロシア帝国軍は負け続け、兵士たちの反戦感情も高まっており、それが追い風となって、レーニンに率いられたこの労働者勢力はツァー(皇帝)の帝国打倒に成功した。世界で初めての社会主義国家、ソヴィエト連邦の誕生につながる革命だった。これにより、ニコライらの属していたツァーの軍隊は消滅した。

しかしそのとき、のちのソ連にあたる地域がただちにいっせいにボリシェヴィキの支配下に入ったわけではない。極東ではなおツァーの将兵たちが抵抗を続けており、それを支援するために日本を含む何カ国かがシベリアに出兵していた。ニコライは再び故郷に戻っていたとも言われるが、その後革命に反対する白軍が再編成されると、一九一九年六月には連合軍(イギリス・フランス軍)の占領地域オデッサでこれに参加し、陸軍司令官の参謀になった。

軍服姿のニコライ.

その後、彼はオデッサからシベリアへ移動したようである。そして一九一九年の九月にはコサックの首領セミョーノフの装甲列車「カラーテリ」の司令官になった。そしてのちに見ていくように、一九一九年ころ白軍のカッペリ大佐の部隊にグラーヴェという名の大尉がいて、シベリアのバイカル湖周辺に駐屯していた日本軍と接点を持っていた

シベリアで抵抗を続ける白軍将校のニコライ(左).

ことが、日本人将校の手記で確認されている。日本軍は一九一八年四月にウラジオストックに上陸し、一九二二年一〇月に引き揚げているので、そのあいだのことである。ニコライは、一九二〇年一月にはウラジオストックへ移動している。

ニコライの亡命は家族を伴わず、両親も兄弟姉妹もロシアに残したままだった。ただ、妹の一人がフランスに亡命したが、財産もすべて奪われ、貧困にあえいでいたという。のちにリリーの夫がパリを訪れたとき消息をつかみ、金銭的な援助をした。

また、娘の一人ヴェラが残したメモによれば、父はかつて亡命前に一度結婚していたという。おそらくその妻を残して亡命する悲しい運命だったのであろう。バンドゥンのロシア正教会の司祭をしていて、のちにニューヨークに移った人物によれば、その女性は、最後はニューヨークに住んでいたというから、おそらく同じように亡命したのであろう。年齢から考えても不思議なことではない。その妻とのあいだには子供はなかったということである。

またリリーによれば、父は、以前ウラジオストックで水産関係の仕事を興して成功していたが、そこも赤軍の支配下に入ったので、日本へ逃げたのだという。ウラジオストックは、一九一七年のロシア革命当時の在留邦人五八九一人のうち、三二八三人(約五六パーセント)がこの地に集まっていたというほど、日本とは関係の深い町であった。そこから日本への渡航の経緯に関しては全く何の情報もないのだが、そのような関係から様々な便宜があり、ニコライも日本へ亡命したのだろうと思われる。

ニコライは当初フレンチ・レスリングのレスラーとしてリングに上っており、その関係で日本へ来たという説もある。その当時満州でロシア人の拳闘家が興行していたという記述が日本の外交史料に出てくるので、あるいはそのようなグループと一緒に日本へ来た可能性もあると倉田有佳は指摘する。

ニコライは故郷のカザン県にいたころ、ウクライナのキエフ、ジトミール、ベルジャーンシクのチャンピオンからフレンチ・レスリングを習って、その道を深めていたという。のちにニコライの追悼文のなかでは、彼は「オデッサからの最後の船に乗って極東へ向かい、再びレスラーとして東京や神戸のリングに登場した」と記されている。

二人の出逢い

先にも述べたように、ハリストス正教会で執り行われたヒデとニコライの結婚式は一九二〇(大正九)年一一月二八日と記録されているから、彼らの出逢いは、ニコライの来日後間もないころのことのようである。おそらくニコライは、日本上陸後間もなく函館へ行ったようで、市役所で一九二〇年九月二五日付で外国人登録をしている。それはなんと結婚のわずか二カ月前である。もちろん到着してすぐに外国人登録をしたとは限らないので、そのしばらく前には来ていたのであろう。そこに記載された住所は函館市会所町(現在の元町)四九番地、職業は漁業関係の商社グルシェツキー商会(函館市弁天町)社員となっている。

二人の出逢いに関しては諸説ある。ヒデ本人がのちにいろいろな人に異なるバージョンを語っていたようなのである。娘のリリーが母から聞かされていた話によれば、街角でヒデを見かけて見初めたニコライが、当時まだ一〇歳くらいだったヒデの妹のコマを味方につけようと、チョコレートショップで大きなチョコレートを買ってプレゼントした。当時函館の銀座通りには、白系ロシア人が経営する「チョコレートストア」という店があったと記録されている。コマは、いつも母親から「よその人からチョコレートを貰っちゃだめよ」と言われていたのに、あまりにも大きなチョコレートをプレゼントされたので受け取ってしまったのだ。そして彼女の助けでニコライはヒデの家を突き止め、通訳を介してヒデの父親に「娘さんを下さい」と結婚の申し込みに行ったのだそうだ。

父親は、ヒデは当然断るだろうと思っていたのに、彼女はそれを受諾してしまった。孫のロビーが祖母から聞いた話によれば、そのころ習字の稽古に通う途中いつも姿を見かけたある医師に密かに恋心を抱いていたが、その医師が結婚してしまい、心は打ち砕かれ、いっそトラピスチヌ修道院(トラピスト修道院の女性版)に入ってしまいたいとさえ思うほど失意の底に投げ込まれていたそうだ。そんなときであったから、思い切ってロシア人に嫁いでみようと飛び込んでいったのではないか。

一方、のちにバンドゥンの農園に訪ねてきた大阪外国語学校(現在の大阪大学外国語学部)の山本茂教授に語ったところによれば(函館日日新聞に掲載)、まったく異なるストーリーだった。函館高女在学中に、当時夫人を失った某税関長に女の身をあやまられ、悲嘆と呪いの日を送っていたときに現れたあるロシア人青年に惹かれ、恋に落ちた。しかし、この恋に敗れて失意のうちにトラピスチヌ修道院に向かった。そこへ向かう汽車のなかで、ロシアから逃れてきたグラーヴェ伯爵と知り合い、虐げられた者と弱き者とが手を取り合って……というものである。この話はかなり眉唾である。そもそも「函館高女在学中」とあるが、私が現在道立函館西高等学校となっている同校を訪れて調べたところ、ヒデの名前は入学者名簿にも同窓会名簿にも見当たらなかった。全国的にまだ高等女学校が非常に少なかった時代に、ヒデにとってはあこがれの的だったのかもしれないが、彼女にはそういうふうにストーリーをつくり、空想のなかの自分に恋する傾向があったのかもしれない。

バンドゥンで出会った日本陸軍の堀江三鹿喜《みかき》大佐にヒデが語った話は、さらに異なっている。ヒデはもともと神奈川県の士族の娘であったが、北海道のある高級官吏の家に行儀見習いに出されていた。ある日主人から暴行され、煩悶の末いったんは死まで決意したが、思い直してトラピスチヌ修道院に入るべく汽車に乗っていたところ、偶然グラーヴェ伯爵に会ったのだそうだ。このバージョンは、強姦され身をはかなんでトラピスチヌに入ろうと思っていた矢先にニコライに出会ったという点では、山本に語った話と共通している。

トラピスチヌ修道院は、函館市の郊外にフランスから派遣された八人の修道女によって一八九八(明治三一)年に創立された。沈黙を守り、瞑想を中心とする非常に戒律の厳しい修道院で、当時七〇人ほどの修道女のうち、フランス人一四人、スイス人二人、ドイツ人二人、ポーランド人一人など外国人が多くを占めていた。また高級なクッキーや焼き菓子を製造販売していて、地元の人々にとっては、清純、厳しさ、エキゾチックさとともに、ちょっと手が届きにくいけれど、あこがれのヨーロッパ文明の象徴のような場所でもあった。

ヒデはどうやら空想の世界で、自分で自分の物語を作ることを楽しむロマンチストだったようである。ひょっとすると物語を描いているあいだに本当に自分でもそれを信じてしまったのかもしれない。

だから本当のところ、一八歳も年上のニコライの何がヒデを惹きつけたのかはよくわからない。

つかのまの新婚生活

結婚後二人がどこに新居を構えたのかなど、詳細はわからない。しかしおそらく会所町の八幡坂の中腹にあるニコライの居宅に住んだのではないかと思う。美しい巴の形をした函館湾を見下ろす優雅な住宅街である。当時函館で刊行されていた大衆文化情報誌『ニコニコクラブ』（一九二一年弥生号）には、結婚直後のニコライとヒデについて「誠意をこめて」と題する興味深い記事が載っている。その一部を紹介しよう。

其後の二人の仲は至つて睦しく、一寸《ちょっと》外出するにも互に腕を組み合して歩くといふ位で、実に他《よそ》に見る目も羨しい位でございましたが、好事《こうじ》魔多しとやらいふ世の例《たと》へにもれず、秀子さん〔ヒデのこと〕は二月《げつ》の初旬《はじめ》から函館病院の木内博士の診察を受けねばならぬやうになりましたが、病気は意外に重く遂に同病院の十七号室に入院する事になりました、其時夫のニコライさんの心配は一方《ひとかた》でなく、最愛の秀子さんが一日も早く全快するやうにと神に祈らぬ日とてなく毎日種々《いろいろ》な品を買求めて慰藉に訪れ情緒纏綿《てんめん》たる一幕を演ず〔ママ〕ましたが、其濃厚なのには、同室の者は勿論《もちろん》看護婦達も何《いず》れも皆悩殺されたさうです。……

この記事によれば、ヒデの入院は一九二一（大正一〇）年二月であるが、実はこの後まもなく二人は日本を出て、なぜか当時オランダの植民地だった東インド（現在のインドネシア）のジャワ島へ渡ることを決意したようだ。倉田有佳によれば、亡命ロシア人の日本での定着率は低く、その多くは、ここを最終定住地としてでなく、むしろ次の亡命先へ渡るための中継基地とする傾向があったという。そしてその再移住を援助する組織として、横浜に露西亜移民救済協会なる組織があり、たとえば、一九一九（大正八）年にはここを通じて一七〇〇人がアメリカへ送り出されたという。ニコライも当初から日本定住は考えていなかったのかもしれない。

一説によれば、外国人との結婚に反対だった父親が、それをしぶしぶ許す条件として、この国から、少なくとも函館から立ち去ることを求めたという。しかしのちに（一九三三年）、函館日日新聞の取材に答えて母のタキは、「二人で外国へ行くといつて函館を去つたので横浜の警察へ取押へ方を頼みましたが敦賀から船に乗つたので引留めることが出来ませんでした」と語っている。ヒデの発展的な性格から考えると、「祖国を追われて」という暗いイメージよりは、異国人の夫とともに未知の国へあえて挑んでいく、その冒険を密かに望んだのかもしれない。そうでなければ、夫の国でもない第三国に、言葉も何もわからないのに飛び込んでいくなどということに、そう簡単に耐えられるはずはないと思う。しかし次章で述べるように、ニコライの方には、オランダ領東インドへ行く重要な理由があったのである。

新婚時代のニコライとヒデ.

2 南島に輝く女王

海を渡って南洋の島へ——レスラーとしての夢

ニコライとヒデは、運河をめぐらしたアムステルダムのような美しい街、オランダ領東インドの首都バタヴィア(現在のジャカルタ)に到着し、まったく未知の国での新しい生活を始めることになった。

どうやらニコライがこの地へ来た理由の一つは、当時欧米世界でレスリングのチャンピオンだったピーター・リムトゥキン(Peter Limutkin)というレスラーがそこにいて、彼に挑戦したかったということだったようである。ニコライはロシアにいるころからレスリングを愛好していた。一説によると、彼はフランスでレスリングのヨーロッパ選手権に出場して優勝したこともあり、レスリング界では名を知られていたという。レスラーとしての彼の力の強さを示すエピソードが日本滞在中にも残っている。おそらく日本を離れる少し前のことであったと思われるが、ニコライが東京国技館の横綱栃木山の支度部屋を訪ねたことがあった。そのとき横綱の前で、ニコライが鉄の棒を素手でへの字に折り曲げる技を見せたところ、横綱はその棒を手に取って同じく素手で元に戻した。それを見てニコライが、「日本の力士は強いな」と感嘆したという記事が、函館の雑誌に掲載されたことがあった。その記事の全貌はわからないが、ヒデが長いあいだ大事に持っていたアルバムにその一部が貼られていたのである。

横綱を称賛していたとはいえ、ニコライは、日本では相撲は盛んであるが、レスリングはまだそれほどでないことに不満を感じていたようだ。しかし彼が、オランダ領東インドへの出発に先立って、日本の植民地下にあったソウルで、ある試合に臨んでいたことを示す新聞記事が、末娘リリーの手元に残されている。一九二一（大正一〇）年六月一八日付の朝鮮新聞に、同月二一日から三日間、京城（ソウル）市の公会堂で、アメリカ・ロシア・インドの拳闘家を集め、日本からは柔道家が参加し、四カ国で国際競技大会を開催するという記事が掲載されており、ロシア人選手としてヘンジーというレスラーが登場する、と写真入りで紹介されている。確かに日本からはレスラーの参加はなく、柔道家が参加している。リリーたちは、このヘンジーという人物が自分、つまりニコライ・グラーヴェのことであると、父からずっと説明されてきた。貴族の出身である自分がレスリングなどで賞金を稼いでいるのが知られると恥ずかしいと思い、本名ではなくヘンジーという名前を使ったというのである。

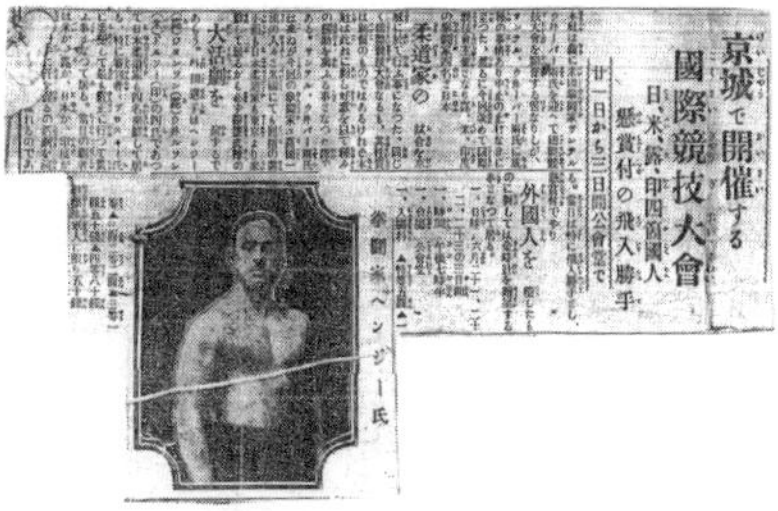
京城で開催する
國際競技大會
日、米、露、印四箇國人
懸賞付の飛入勝手
廿一日から三日間公會堂で
外國人を
柔道家の
大活躍を
拳闘家ヘンジー氏

朝鮮新聞の記事.

この京城での試合のときにすでにヒデを同行していて、そこからジャワへ直行したのか、あるいはいったん日本へ戻ってヒデを伴って再び出国したのかはわからないが、船の便を考えると、おそらくいったん日本へ戻ったのであろう。そのころ日本とオランダ領東インドを結ぶ航路は、神戸を出て門司《もじ》、

レスラー姿のニコライ．

香港、シンガポールを経由してバタヴィアに着き、さらにそこからスラバヤに向かうというものであり、南洋郵船株式会社が運航していた。その旅程は約一三日間だったという。

ともかくソウルでの試合の後まもなく、ニコライとヒデはオランダ領東インドに向かったと思われる。長男が一九二二年一月にジャカルタで生まれているので、少なくともそれ以前であったということになる。つまり一九二一年六月から一九二二年一月までのある時期にジャワへ向かっているのであろう。

さて、ニコライとヒデは、バタヴィアへ着くと、チピナン地区の白系ロシア人コミュニティーに住んでいたボディスコ(Bodisco)という夫妻の元に身を寄せ、ニコライはレスリングの試合に臨んだ。この夫妻とは、のちにバンドゥンでも引き続き親しく交際し、ボディスコ夫人が夫を亡くしてからはグラーヴェ家が全面的にバックアップするようになった。帝政ロシア時代からの知り合いだったのかもしれない。ニコライはヨーロッパの知識人のあいだでは当時かなり通用していたフランス語や英語を流暢に話せたので問題がなかったであろうが、フランス語も英語もロシア語もオランダ語も、あるいは土地の言葉もわからないヒデは、そのような欧米人のコミュニティーのなかにあって、新生活に順応するために、さぞ大変な毎日を送っていたことと思う。そのようななかで、一九二二年一月五日、バタヴィアで第一子が生まれた。男の子で、オレッグと名付けた。そのころバタヴィアで、ボディスコ夫人らロシア人たちと一緒に、オレッグを抱いて写したヒデの写真が一枚だけ残っている。樹々に

バタヴィアの逗留先の庭でくつろぐレスラー姿のニコライとヒデ(座って子供を抱いている).

長男オレッグを抱くヒデ.

囲まれた緑豊かな庭園でくつろいでいる風景である。
バタヴィアへ着くと、ニコライはさっそくチャンピオンのリムトゥキンに試合を申し込んだ。リムトゥキンは、リングに立って自分との闘いに一〇分間持ちこたえたレスラーがいたら金のメダルを授与しようと豪語していた。ニコライはそれに挑戦を試みたようなのである。ほかに収入源のないニコライは、レスリングでの賞金に依存していたようであるが、しかし賞金目当てで試合に出ることを恥じて、ここでもまた覆面で顔を隠し、「マスク・ノワール(黒マスク)」という別名を使ってリングに立った。
バタヴィアの日刊紙 *Bataviaasch Nieuwsblad* によれば、リムトゥキンとの最初の対戦で、マスク・ノワールはリムトゥキンの要求を満たし、見事に金メダルを獲得した。のちにリムトゥキンはその復讐戦に臨み、二人は計六回も対戦した。しかし、一九二二年二月二七日に対戦した際、リムトゥキンがニコライの足にめがけてジャンプしたため、ニコライは病院へ運ばれるほどの大けがをし、それ以来レスリングができなくなってしまった(一九二二年三月一四日付)。
リング上でこのような不幸に襲われたニコライのために、寄付金を募る運動が新聞紙上で進められ、かなりのお金が集まった。集まった寄付金をもとにニコライは、オランダ植民地政庁から農園開設のためのコンセッション（国有地等において鉱山採掘、森林伐採、農園開墾などに対して付与される開発権）を得てバタヴィアを後にし、生まれて間もない長男を連れてバンドゥン郊外へ移る決意をしたのだった。二番目の子供オルガがバンドゥンで一九二三年六月に生まれているので、移動の時期はそれより前のことだと思われる。

無国籍者としてのオランダ領東インド定住

ここで、ニコライ夫妻がどのようなステータスでオランダ領東インドに定住したのか、推定してみよう。彼らはどのようなパスポートを持ってこの国にやって来たのであろうか。ボリシェヴィキ政権によるソヴィエト連邦政府は、一九二二年一月に「国外居住者の市民権剝奪」令を出し、同年六月までに在外ソヴィエト代表部から新しいパスポートを取得しない者は市民権を失うことになった。しかしニコライ夫妻が日本を出たと思われる一九二一年には、まだこの令が出されていなかったので、とりあえず帝政ロシアのパスポートは国際社会において有効とみなされていたのであろう。

ヒデはどうだったのであろうか？　ニコライはソウル行き直前の一九二一年六月八日に横浜のロシア領事館で婚姻届を出している。日本政府はまだこの時期にはソヴィエト政権を認めていなかったので、既存の帝政ロシアの領事館が機能していたのである。それに先立って、三月二八日付で、グラーヴェ夫妻はハリストス正教会の白岩司祭名で「婚姻証明書」を発行してもらっている。革命前のロシアでは教会婚であり、教会で式を挙げればメトリカと呼ばれる過去帳に記録され、正式な婚姻と認められたが、外国へ渡航するためには、あらためて夫婦であることを証明するための手続きが必要だったのであろうと倉田有佳は言う。

ロシア領事館で婚姻手続きをしたのであれば、ヒデもロシア人の配偶者として認められ、その資格で移民したものと思われる。とはいえ、ヒデの日本の戸籍には婚姻の事実が記されていないから、身分上の変更は何もなかったことになり、彼女の日本国籍はそのまま保持されていたようだ。しかし、日本のパスポートを取得していたとは思えない。

バタヴィアには、少なくともニコライが到着したころには、メーステル・コルネリス地区(現在のジャティネガラ)に帝政ロシアの領事館(Consulat de Russie)があった。そして彼はそこから、一九二二年二月一三日付で帝政ロシアの軍人としての経歴証明書をオランダ語で発行してもらっている。ソ連との外交関係を樹立した国々においては、白系ロシア人は、ソ連を祖国と認めない限り「無国籍者」とされた。ちなみに日本では、「無国籍者」とするほかに「旧露国籍者」などという表記も使われたという。白系ロシア人たちによる抵抗もほとんどなくなり、現実にボリシェヴィキ政権が有効にロシアの全領土を統治するようになっていたため、徐々に欧米諸国もこの新政府を承認するようになっていき、その外交関係により、その地に住む白系ロシア人のステータスは微妙に変わってくるのだった。オランダは一九四二年までソ連と外交関係を樹立しなかったのだが、だからといって、帝政ロシアの在外公館がそれまでずっと機能していたかどうかはわからない。ある段階から、帝政ロシアのいずれの在外公館も外交官が不在だった可能性がある。

前述のように、ソ連政府が一九二二年に「国外居住者の市民権剝奪」令を出したため、白系ロシア人がそれまで持っていた帝政ロシアのパスポートは、国際的には無効になった。ただそのころ国際連盟は、亡命ロシア人をできる限り雇用の確保できるところへ移民させることを奨励していたので、国家間移動を可能にするために、一九二二年七月に、すべての国家で有効性を持つナンセン・パスポートと呼ばれた身分証明書(日本では「露国難民身元証明書」と呼ばれた)を発行するシステムを考案した。これを導入した時期は国によって異なったが、オランダの場合は一九二五年に導入している。おそらくニコライらも、やがて手持ちの帝政ロシアのパスポートは有効期限切れになったであろうから、それ以後はこの種の証明書を発行されていたのではないかと思われる。

西洋諸国で真っ先にソ連を承認したのはドイツで、一九二二年一二月のことであった。イギリス、フランスは一九二四年に、また日本は一九二五年に承認した。そのようななかで、オランダ政府は、共産主義プロパガンダの拡散や、信仰への迫害などを嫌ってソヴィエトと外交関係を結ぶことを拒否し続けたのである。実はこのころオランダ領東インドでも、共産主義の影響が姿を見せ始めていた。ソ連のコミンテルンの指導下で、オランダ人社会主義者スネフリートの助力を得て、一九二〇年にアジアで最初の合法的な共産主義政党がインドネシアで設立されたのである。それはインドネシア人ナショナリストも巻き込んで、植民地からの独立を求める運動へとつながっていった。そのようなこともあって、オランダはいっそうソ連への警戒心を強め、外交関係の樹立が遅れたのかもしれない。一九三四年にソ連の国際連盟への加盟問題が取り上げられたときも、オランダは強い反対に回った。

オランダがソ連と外交関係樹立に踏み切ったのは、ようやく一九四二年七月のことであった。そのころオランダ本国はナチス・ドイツに占領され、オランダ政府の首脳は女王もろともロンドンに逃れ、そこに亡命政府を樹立していた。いっぽうソ連は連合軍側についてドイツと戦闘中であり、この国はドイツの前進を阻むうえで連合国にとっては重要な存在であった。また、戦争が終わった暁にはソ連が国際関係において巨大な勢力を持つであろうことが予想され、極東においてソ連が参戦する前に外交関係を樹立しておく方が得策だと考えたようである。さらにイギリス、アメリカからのアドバイスもあり、ロンドンでオランダ亡命政府の代表と在ロンドン・ソ連大使とのあいだで外交関係樹立のための協定が結ばれるにいたった。

グラーヴェ夫妻には、ホスト国からの公的な滞在許可としては、バンドゥンへ定着したのち、一九二四年七月二八日に、オランダ領東インド総督名で、「一九一五年一〇月一五日付の王国の決定(Stadsblad No. 32)」に基づいて「オランダ領東インドに定着する許可」が与えられている。ただ奇妙なことに、そこにはニコライの国籍は明記されていない。

バンドゥン近郊で農園の開墾

バンドゥン近郊での生活については、まったく資料がないうえ、子供たちも一九三五年生まれと一九四〇年生まれの下の二人を除いていまや誰も生存していないので、彼らの小さいときの断片的な記憶と、親から聞いていた話、さらに一般的な史実をベースに、あとは想像を膨らませて再構成していくしかない。

バンドゥンはその当時の行政区分によればプリアンガン州の州都で、海抜七二〇メートルに位置する高原の町である。この町へは一八九四年にジャカルタからの鉄道が敷かれ、これ以後オランダ人の避暑地として発展した。鉄道の線路を挟んで北側はオランダ人が数多く住む美しい街並みで、「ジャワのパリ」と呼ばれた。火山麓の傾斜地に、幅広い道路を建設し、その両側に広い区画から成る邸宅を建て、道路には街路樹が植えられた。バタヴィアよりはるかに涼しいこともあって、オランダ人にとって快適な居住地であった。しかもここにはオランダ植民地政庁のいくつかの重要な官庁や事業所が置かれていた。たとえば国防省や、陸上交通のすべてを取り締まる陸輸総局、さらには電信・電話・郵便局(通信総局)の本社もここに置かれていた。

2人で切り開いたチカワル農園を描いた絵.

グラーヴェ夫妻が植民地政府からコンセッションを獲得して開いた三五ヘクタールの農園は、バンドゥン市から南へ約二十数キロ、マラバル(Malabar)山麓にあるバンドゥン県バンジャラン(Banjaran)郡のチカワル(Cikawalu)という地区に存在した。当時はかなりアクセスの悪い地域であった。街道筋のバンジャランの集落から山道に入るが、ジープのような機動力のある車でしか登って行けなかった。彼らが築いた農園は、最終的にはそのジープでさえ入れず、徒歩でしかアプローチできない、非常に不便なところに位置していた。隣にオランダ人が経営する約二〇〇〇ヘクタールのアルジャサリ(Arjasari)農園があり、お茶を栽培していた。

ニコライとヒデは、雑木林を伐採してこの地に農園を開き、ジャカルタ生まれのオレッグと、バンドゥン生まれのオルガの二人の年子を抱えて住み着いた。そしてこのあたりでもっとも適した農産物であるコーヒーとお茶の栽培を開始した。かつてオランダ東インド会社の支配下で一六九九年に初めてコーヒー栽培が持ち込まれたのはこの地域であり、当初は住民に栽培させたものを強制的に供出させる制度を導入して、同社は膨大な利益を得た。やがて一九世紀になると、オランダ政府が直接植民地経営に乗り出し、ヨーロッパ資本の大規模農園が進出して、土地の人たちを労働力として使って大量に生産するようになった。ニコライのような外国人も、一八七〇年に制定されたオランダ領東インドの農地法に基づいてコンセッションを獲得し、土地を長期にわたって租借しさえすれば、農園を開くことが許されていた。ただそれにしても多額の資金が必要であったことは確かであるが、前述のようにニコライはレスリングで得た賞金でその資金を調達したのだと思われる。

森林を切り開いて苗木を植えるところから始めたのであるから、木が生長して、コーヒー豆が収穫できるまでには長い年月を要したと思われる。その間生活していくために、タピオカ、お茶、トウモロコシなど可能な限り様々なものを植えたのであろう。

ニコライとヒデ．チカワル農園で．

ヒデとニコライはその農園のなかにコテージ風の住居を建てて住んだが、水汲み一つとっても近くの水源まで行かねばならず、バンドゥンの市内とは大違いの不便さだった。もちろん周辺のインドネシア人たちの労働力はいくらでも確保できたが、「文明」とは程遠い、荒い自然のなかでの生活だった。

自分たちの口に合うような食材の確保は、農園に住む外国人にとってかなり大変だったのではないかと思う。ニコライは洋風の食事に固執していたようで、チカワルでもナイフとフォークを使っていたという。パンはヒデが見よう見まねで焼いていたようだ。チーズなどの乳製品は、インドネシアの人たちはほとんど食べないが、バンドゥンではオランダ人のための酪農家もいくつかあり、そこから毎日フレッシュなミルクを届けてもらっていたという。その他の食材は、たまにバンドゥンへ出たときにハイヤーを雇って大量に買い込み、山道はインドネシア人に担がせて運んだ。植民地支配者オランダ人たちにとっての洋風の食べ物は、バンドゥンへ行きさえすればそれほどに困らなかったと思われるが、さすがに日本の食材は手に入りにくかったので、明治生まれのヒデにとってはさぞ大変だったろう。それでも調理は人任せにせず、すべてヒデが自らやったそうだ。

九人の子を授かって

ここでヒデは一九二三年から一九四〇年までに、オルガの下にさらに七人の子供を出産した。バタヴィア生まれのオレッグも含めて九人の子供の名前と生年月は次の通りであった。

オレッグ(Olegue)(男)　一九二二年一月
オルガ(Olga)(女)　一九二三年六月
エレナ(Elena)(女)　一九二六年二月
ヴェラ(Wera)(女)　一九二七年三月
コラ(Kola)(男)　一九二八年七月
キラ(Kira)(男)　一九三〇年五月

シュラ(Choera)(男)　一九三二年一月
リリー(Lily)(女)　一九三五年六月
ワロージャ(Walodja)(男)　一九四〇年六月

バンドゥン生まれの八人の子供はいずれもカトリック系のボロメウス(Boromeus)病院で誕生した。インドネシアの人々のあいだではまだ産婆の助けによる出産が多かった当時としては、非常に贅沢なことであった。

ヒデはこの九人のうち誰一人病魔に奪われることもなく成長させたのであるが、実はこれは、その当時としては大変稀なことであった。現代でもなお、感染症などが多く、幼児死亡率の高いインドネシアの一世紀近く前のことであるから、驚くべきことである。また出産時の新生児死亡率、あるいは母親の死亡率も非常に高い国で、すべての出産が順調に進んだというのも珍しい。ヒデは天来の健康なからだを授かっていたのかもしれない。あるいは子供たちにも語っていない、悲しい体験もあったのかもしれないが。

しかし、実際のところ出産は大騒動であった。オランダ人所有のアルジャサリ農園の途中までは車が入って行けるのであるが、グラーヴェ家の農園は、そこから徒歩で自分たちの農園との境にある川を渡り、さらに丘陵を上って行かねばならなかった。それでもそれが一番近道だった。産気づいてバンドゥンの病院へ行くには、国道までバンドゥンからハイヤーを呼ぶ必要があったが、グラーヴェ家の農園には電話がなかったので、このオランダ人の農園まで行って電話を借りねばならなかった。

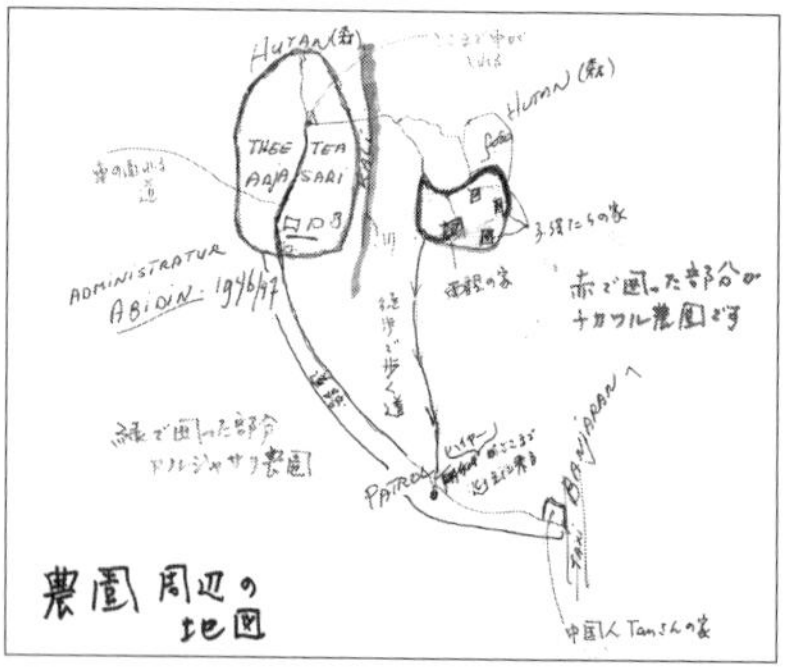

リリー手書きの農園周辺の地図.

ところが、あるとき、この家に駆けこんで電話を借りようとしたところ、「うちはあなたの使用人じゃないわよ」と言って電話を使わせてくれないということがあった。それでヒデは、竹で編んだ籠に乗せられ、四人の使用人たちに担がれて、反対方向にあるインドネシア人の集落《カンポン》を通り抜けて、車の通る道まで連れて行ってもらわねばならなかった。ガタガタの田舎道を進むときの振動でヒデは思わず大きな叫び声をあげた。道路に出たところには親切な中国人が住んでいて、ここでバンドゥンからハイヤーを呼んでくれた。

この事件があってから、オランダ人は自分たちの農園をグラーヴェ家の者が通過することを拒否するようになったため、どこへ行くにも遠まわりだが、インドネシアの農民たちの住む集落の田舎道を歩いて到達するしかなかった。そのオランダ人への恨みが、あとあと彼女の運命に大きな影響を与えることになるのであった。

それにしても、夫とともに農園の管理をしながら九人もの子供を育て、筆舌に尽くせないほど忙しい毎日だったろう。ヒデは、水浴びさせるときなど子供たちを一列に並ばせて、「はい次、はい次」と片づけていったとリリーは回想している。バンドゥンでさえ朝夕の水での水浴びは寒いが、そこからさらに標高の高いチカワルでは、ヒデは薪でお湯を沸かし、冷水を混ぜてぬるま湯にして浴びさせたという。望郷の念になどとらわれている暇はなかったのかもしれない。

教育

子供たちはある程度の年齢になると、バンドゥンのロシア正教会で洗礼を受けた。また、当初は父ニコライの方針でオランダ人家庭教師を雇い、チカワルに住まわせて子供たちの教育に当たらせたが、あまりにも寂しいところなので教師が耐えられず、半年後にはバンドゥンに逃げ帰ってしまった。そこでグラーヴェ家の子供たちは、バンドゥン市内の学校に入学することになった。

当時ヨーロッパ人の子弟は、「原住民」とさげすまれていたインドネシアの子供たちとは分けられて、ＥＬＳと呼ばれた彼ら専用のレベルの高いオランダ式学校で学んでいた。そこで六年間の初等教育を終えたのちは、ＨＢＳという、中学と高校を合わせた五年制の高等市民学校でかなり高度な教育を受けることができた。当時のオランダ植民地政庁は国籍に関しては父系制をとっていたので、父方がヨーロッパ人であれば、子供はヨーロッパ人とみなされた。実際「オランダ国籍」を持つ者のなかで純粋なオランダ人は極めて少なく、多くは、何代も前からオランダ領東インドに住み着き、現地の女性との結婚で混血していった「インド・ブランダ」と呼ばれる人たちである。グラーヴェ家の子供たちの学友のほとんどは、この「インド・ブランダ」だった。

オランダ支配の終わりころに生まれた末子のワロージャを除いて、子供たちはみなこのヨーロッパ人学校でオランダ語の教育を受けているので、彼らの第一言語はオランダ語だった。

農園からバンドゥンの学校に通学するのは到底無理なので、子供たちは市内のジャワ通りで救世軍が経営していた児童施設に住まわせた。そこには主として親のいない孤児が収容されていたが、同時に、親が遠方の農園などで働いているヨーロッパ人の子供たちも有料で預かってもらうことができた。

一九三五年生まれのリリーは、わずか一年ここに住んで学校に通っただけで戦争になってしまったが、それでも覚えていて思い出を語ってくれた。

男子と女子は別々の寮に住み、寮監が直接監督することができるよう、子供たち全員が一つの大部屋で寝起きさせられた。週末にも帰宅は許されず、親元に帰るのは学期が明けた長期休暇だけで、小さな子供たちにはとてつもなく辛い日々だった。

ヒデは時々子供たちの様子を見るためにチカワルから出てきた。そのようなときヒデは、市の中心地に「トコ・サクラ」という店を出していた日本人、アベ家に逗留し、そこへ子供たちを呼び寄せた。このころバンドゥンには多くの日本人が居住していたのであるが、リリーたちの記憶の限り、どうやらヒデが接点を持っていた日本人はこのアベ家と、さらに「トコ・サクラ」を共同経営していたワタナベの一家だけであった。

バンドゥンの日本人

ここで少し、このころバンドゥンには一体どのくらいの日本人が住み、どのような生活をしていたのかを垣間見てみよう。「南洋」と呼ばれた戦前の東南アジア各地への日本人の渡航の歴史は、明治初期に遡る。明治時代、最初に東南アジアに渡った日本人は、「からゆきさん」と呼ばれる娼婦たちだった。親の借金のかたに身売りされて遠い南洋まで連れて行かれた悲運の女性たちである。さらに、貸席、倶楽部、料理屋などその商売に関連した職業に従事する男性たちも数多く渡航し、彼女たちを取り巻いていた。シンガポール領事藤田敏郎の調査によると、一八九七年にはオランダ領東インド在住の一二五人の邦人のうち、女性は一〇〇人であったという。

しかし、やがて小売商などの正業に就く日本人移民の渡航が始まり、さらに日本に本社を置く企業から派遣された駐在員たちの渡航も始まるに従い、このような女性たちの存在を日本の恥であるとみなす風潮が広まっていった。一八八九年、日本とオランダのあいだに締結された日蘭通商航海条約を契機として制定された、いわゆる「日本人法」により、それまで法的に「原住民」待遇として分類されてきた日本人に、ヨーロッパ人待遇が付与されることになったことは、このような風潮に大きな影響を与えた。

その後バタヴィアには日本の領事館（一九〇九年）や日本人会（一九一三年）も設立され、そのような趨勢のなかで、オランダ植民地政庁に「からゆきさん」の廃止を求めるようになっていった。それを受けて、新たに就任したイデンブルフ総督によって、一九一二年までに娼婦を一掃せよという命令が出された。この段階でオランダ領東インド全域の邦人数はまだ少なく、邦人の人口問題を研究している村山良忠によれば、登録者は七八二人で、その大部分は「からゆきさん」であったが、それ以降正業に就く男性の渡航が増えたため、徐々に邦人に占める女性の割合は減少し、一九一四年には男性のほうが多くなった。最終的には、一九一七年にオランダ植民地政庁が日本政府からの要望を受け入れて、その活動は完全に禁止されるに至った。営業を禁止されても、廃業を迫られた「からゆきさん」たちは、故郷へ帰る手立てもなく、収入の道を閉ざされた状態で残留を余儀なくされていた。一部の運のよい者は、欧米人の妾などになって生き延びた。おそらくヒデたちが渡航したころには、まだたくさんそのような日本女性がいたはずである。だからこの時期白人と結婚している日本女性は、とかくそのような目で見られる傾向があった。気位の高いヒデには耐えられないことであったろう。

在留邦人の数は増えていき、ヒデが渡航した一九二〇年代初めには、三千数百人にのぼっていた。オランダ領東インドは、外国からの入植に対しては開放的で、日本人に限らず、中国人、アラブ人、インド人などの移民も多かった。日本人移民の多くは商人で、当初は「からゆきさん」を対象とした日本の安価な商品を少しずつ販売していたのであるが、やがて現地の住民にも購入されるようになった。彼らは資本を持たず、最初はほとんど船賃だけを用意して同郷の知人などを頼って渡航し、日本人の商店に住み込みで働いたり、現地の住民を対象に、日本製の安価な日用品を農村地帯で行商して売り歩くなど、社会の底辺で地道な努力を続けていた。行商は、仁丹などの薬やその他の日常品を売る者が多かったが、すでに進出している華僑商人たちの隙間に入り込むためにかなり僻地まで行商に行き、そのためにオランダ当局は、彼らが諜報活動をしているのではないかと常に疑いの目を向けていた。日本人商人は、そのようにして小金をため、何年かの後に、ようやく小さな雑貨屋を開くというケースが多かった。それらの小規模な商店は「トコ・ジュパン」と呼ばれて、その安価な価格、幅広い品ぞろえ、腰の低いサービス精神にあふれた店主の態度などのゆえに、現地の人々から親しまれたという。

荷物をインドネシア人に担がせて行商する日本人商人(『写真で綴る蘭印生活半世紀』より).

グラーヴェ一家のようにオランダ植民地政庁からコンセッションを取って栽培事業に従事する日本

人は、ジャワ島では少なかった。プリアンガンにおいて日本人によって開設されていた農園は、記録にある限りでは二つだけで、マラリアの特効薬の原料キナを栽培していたグヌンバデガ農園と、お茶とゴムを栽培していた南洋興行株式会社であった。

当時の在留邦人たちが戦後にまとめた回想録『ジャガタラ閑話』によれば、グラーヴェ一家が唯一交流を持っていたアベとワタナベ一家は、バンドゥン市の郵便局大通り(現在のアジア・アフリカ通り)三二番地にあった桜洋行という店の経営者であったようだ。それはアルンアルン(大広場)に近い市の一番の目抜き通りで、並びには、木田商店、土佐陶器店、南高商店、富山洋行、東京洋行などの日本人商店が集まっていた。

1930年ごろの桜洋行(当時の絵葉書．青木澄夫氏提供)．

邦字紙東印度日報社が一九三九年に刊行した『蘭領東インドにおける日本人の商業活動一覧(*Directory of Japanese Netherlands-Indies Commerce*)』によれば、桜洋行は一九一八年創業で、渡邊辰次が主任を務め、その職種は「絹綿加工品其他販売」となっている。右の『ジャガタラ閑話』によれば、彼らは一九一八年からバンドゥン南西部の織物の町マジャラヤにハンカチ工場を持っていて、その製品はボルスミというオランダ系の大きな貿易会社によって、ジャワ島内で販売されていたという。要するにマジャラヤで製造していた綿製品や、日本から輸入した絹製品を中心にバンドゥンで販売していたということだろう。そして同記録によれば、一九二八年に渡邊辰次と安倍嘉一郎が桜洋行を買収し、「洋品雑貨の外にシャツ、ピジャマ〔パジャマ〕等製造販売始めて純日本着尺友禅を足利、桐生等の産地から輸入して蘭人への流行となった。これを機に蘭人専門百貨店としての基礎を作った」とあるから、バンドゥンに商店を構えたのは、オランダ領東インドへの渡航後、だいぶ経ってからのことかもしれない。

日本・インドネシア関係史の大家・後藤乾一の『昭和期日本とインドネシア』によれば、安倍嘉一郎は、一九三〇年代初め、バンドゥン日本人会の会長を務めており、ドゥエス・デッケル（戦後スティアブディと改名）という民族主義者がバンドゥンで設立したクサトリア学院において、一九三四年に日本語講座を開設するに際して、日本からの教員探しなどで尽力したという。しかし、爪哇日報によれば、交通事故に遭って、一九三六年一一月二一日に急死した。

リリーの記憶している「オム・アベ（あべおじさん）」は、ヒデの親戚だということで、ヒデの母方の親族をたどっていったところ、母タキの父親違いの姉の娘、つまりヒデのいとこのひとりに安倍家に嫁いだ春江という女性がいることがわかった。ただしバンドゥンへ行ったのはその春江自身ではないようで、春江の嫁ぎ先の親類なのかもしれない。前述の資料では、バンドゥンの安倍さんは山形県出身となっている。

すべて推測の域を出ないが、ともかくバンドゥンの安倍さんの奥さん（トキ）のことを、リリーたちは「ママ・テイチャン（テイチャンのママ）」と呼んでいた。交通事故を報じた爪哇日報の記事によれば、安倍嘉一郎には貞一という名の息子が一人だけいたというが、その「貞一のママ」ということだったのであろうか。

リリーは一九三五年生まれであるから、彼女の記憶のなかに安倍嘉一郎はもういなかったはずであるが、ヒデが日本語で「おじちゃん」と呼んでいた人がいたことを覚えている。リリーの記憶のなかでは、「オム・アベ」と「オム・ワタナベ」がしばしば混同されている。

アベ家とワタナベ家は、ともに山形県の出身で関係も近く、桜洋行の代表も年次によって入れ替わっていて、時には安倍トキが、また時には渡邊辰次が名を連ねていた。外務省が毎年行っていた『海外日本実業者の調査』に、桜洋行という名称の企業は一九二一年から登場し、支配人は安倍トキと記載され、その後も同様の記述がしばらく続くが、一九二六年には一回だけ渡邊辰次と記載されている。その後再び安倍トキに戻るが、一九三七年からは渡邊辰次になっている。どうやら初期のころは安倍トキ、一九三〇年代後半からは渡邊辰次となっているようである。一九三九年に南洋協会が刊行した『蘭領印度邦人商社名簿』でも同様である。なぜか安倍嘉一郎自身は代表に名を連ねたことはない。トキは、夫の交通事故死後も、バンドゥンに留まっていたようで、開戦直前の引揚者(後述)を中心として作成された名簿に名前を連ねている。

日本人ファミリーとの写真．後列左が安倍あるいは渡邊夫人，右がヒデ．前列左からエレナ，リリー，きみこ，オルガ，ヴェラ．

おそらくとヒデは、この双方の家族と交わっていたのであろう。そのいずれかは分からないが、日本人ファミリーと一緒に写した写真が残っている。これを見るとリリーが、二、三歳であるから、撮影時期は一九三七—三八年ころであろう。リリーは、母ヒデの左側の日本女性が「ワタナベ」だと言ったり「アベ」だと言ったり混乱していたが、自分の隣に写っている小さな女の子は「きみこちゃん」だとはっきり覚えていた。しかし、安倍夫婦に「貞一」以外の子供がいたとは記されていないので、だとすればここに写っている女性はワタナベ夫人かもしれない。

それにしてもヒデの親族がバンドゥンに移住していたというのは不思議な縁である。後述するように、「アベさん」という一族とは、戦後日本に嫁いだグラーヴェ家の二人の姉妹が頻繁に接触しているので、親しくしていたのは確かであろう。彼らがバンドゥンの繁華街に桜洋行を開いたのは一九二八年であるが、マジャラヤへの進出はヒデたちよりも前、一九一八年に始まっている。

いずれにせよグラーヴェ家の子供たちにとって、この日本人家庭を訪問するのは、農園から出てきた母と会える本当に貴重な時間だった。

「南島に輝く女王——碧眼の伯爵とジャワの密林に」

ジャワへ行ってから、ヒデはほんの時々であるが、函館の家族に手紙を送っている。一〇〇年近く前の話ではあるが、日本とオランダ領東インドのあいだの郵便によるコミュニケーション事情は決して悪くなかったようだ。オランダ植民地時代の日本人の足跡について研究している青木澄夫によれば、当時バンドゥンで写真館を経営していた木下勝三という人物が、東インドの風物を題材にして絵葉書を作成していたそうで、その葉書を使って在留邦人がしばしば日本に便りを送っていたという。ヒデがどの程度日本と連絡を取り合っていたのかはわからないが、実家の三輪家には、ニコライとヒデ夫婦が、二人の赤ん坊を抱いている写真(カバーおよび第Ⅰ部扉写真)が残っている。その裏には「男オレグ〔ママ〕一年と一一月」「女オリガ〔ママ〕五ケ月」と書かれている。ということはオルガの生年月日から推測して、一九二三年一一月に写したものと推定される。当時は船便だから、どんなに早くてもこれが北海道の三輪家の手元に届いたのは一九二四年の初めであろう。ヒデが故郷を離れてまだ間もないころである。おそらく父持《たもつ》も母タキもまだそろって函館にいたころと思われる。

父親の持《たもつ》は一九二七年に他界し、三輪家の跡を継いだ長兄の隆庸一家は釧路に移住していった。そのためヒデの母タキは、実家の茅森家に戻り、函館市内で、先夫との間に生まれた娘のタツの家族と住むようになった。タツも、結婚に破れて息子の邦夫を連れて母の実家に戻っていたのである。

チカワル農園で１人たたずむヒデ.

その後一九三三年九月二日付の函館日日新聞にヒデの紹介記事が掲載された。取材をしたのはたまたま南洋視察の旅でバンドゥンへも来ていた大阪外国語学校の山本茂教授で、バンドゥン市内の桜洋行の一室で安倍夫妻同席のもとで行われたようだ。実は、日本－インドネシア関係史の専門家後藤乾一によれば、山本教授はこの視察旅行のとき安倍嘉一郎に出会い、彼の依頼を受けてその後クサトリア学院に翌年から日本語講師の派遣をアレンジするに至ったようだ。その山本教授が、この訪問のとき安倍氏を通じてヒデの存在を知り、取材して情報を函館日日新聞に送ったものらしい。「山本教授らが会見した日は彼女の農園にうゐ

チカワル農園で６人の子供に囲まれるヒデ(中央)．ヒデの左側はエレナ，ヒデの前左からコラとキラ，ヒデの後ろはオレッグ，ヒデの右はヴェラ，その後ろオルガ．

たコーヒー樹の苗が数年目にはじめて実をむすんだので記念のおみやげに安倍氏のもとへ持つてきた日であつた」と、記されている。

「その昔函館から消えた美人　今は南島に輝く女王」「碧眼の伯爵とジヤワの密林に」「豹と戦ふ美女」などのセンセーショナルな見出しのもとに、「こんなところに日本人が！」という昨今話題のテレビ番組さながらにその生活が紹介されている。その一部を引用して紹介しよう。

……事実は空想を嗤つてゐる——三輪秀子、それは遥か十五年の昔、恋に破れた傷心をいだいて北海道は函館の街からさびしく姿を消した美貌の女性の名であつた。「可哀さうにあの娘はトラピストへ行つたんだよ——」彼女を知る人の噂もかすみがゝつたけふこのごろ、あまりにも奇《〔あや〕》しい便りがもた〔ら〕された、彼女は生きてゐた！　いま耳目《じもく》の中心、南洋の楽土ジヤヴアの奥地で裸馬にまたがり、虎や豹とたゝかひつゝ原始林を伐りひらいてゐる勇敢な日本女性が彼女の後身であり、しかも白系ロシヤ伯爵との間に六人の子〔一九三二年にシュラが誕生しているので、実際は七人のはず〕までなして——舞台は東洋を縦に貫く国際物語り、ヒロインの半生涯にきざみこまれた運命のしもとはいかに数奇をきはめたか？

山本教授は語る

「三輪さんの農園は二千五百メートルほどの高原の中腹隣り村まで十里といふ淋しい原始林をあれだけに耕やした努力には全く感心さゝれました〔。〕丸木小屋の屋根に竹竿にくゝりつけたロシヤ帝政時代の国旗がひるがへつてゐたのもほゝゑましく主人のグラフイ伯は満洲事変をはじめて耳にして「自分の仇をうつてくれた」ととび上つて喜んでゐたのも平和な楽土にふさはしい情景でした」

記事を掲載するに際して函館日日新聞の現地の記者が、函館にいるヒデの母タキ（当時六三歳）を取材している。それによると、タキは、娘タツの息子で孫にあたる邦夫と二人で、この当時は函館の谷地頭に「二階六畳一間を借り」て住んでいたということだった。函館の母親の元に最近二度目の便りがあり、その消息がわかったということが記されている。

その二度目の便りには、農園のコテージの前で、ヒデが一人たたずむ写真と、六人の子供といっしょに映っている写真が同封されていた。見たところ一番小さいコラ（一九三〇年五月生まれ）が二、三歳なので、この写真は一九三二―三三年ころに撮られたものだろう。つまり、ヒデは三〇代初め、美しい盛りである。

後述するように、こののち母タキは、タツや邦夫とともに静岡の興津に移り、戦後一九五五年にそこで生涯を終える。この間ヒデは、母とは連絡を取り合っていたが、三輪家とはコミュニケーションをとっていなかったようである。

グラーヴェ家の言語状況

ところで、そのように農園でたくましく生きていたヒデは、日々どのような言語で周囲の人たちとコミュニケーションをしていたのであろうか？　日本で出会ったとはいえ、ほとんど日本語のできなかったロシア人の夫と、オランダ語教育を受けた子供たち、そして多数のインドネシア人の使用人たちに囲まれた生活は、非常に複雑な言語状況にあったと思われる。ニコライは、もともとフランス語もドイツ語も達者だったというので、オランダ語も比較的たやすく身につけたものと思われる。のちに成人した子供たちとのあいだで交わした書簡も、間違いは多いもののオランダ語で書かれていた。

一方ヒデは、むしろ当時はマレー語と言われていたインドネシア語をもっぱら日常的に使っていたようである。もっともマレー語は、かならずしもバンドゥン周辺の地の人たちの第一言語ではなかった。オランダ領東インドは、もともと一つの国であったわけではなく、民族的にも単一ではなかった地域を、上からの都合で統一して一つの植民地としたものであるから、民族も、言語も文化も異なる多様な人たちが混在していた。植民地統治においてはオランダ語が公用語とされたが、権力とほとんど接点を持たなかった庶民たちは、それぞれの地方の言語を使って生きていた。たとえばバンドゥンを中心とする西ジャワにはスンダ人が住み、スンダ語を使っていた。

とはいえ、古代からインドネシアの海域で貿易をする際にいろいろな国の人たちが、共通語としてマレー語という言葉を使う習慣があり、これはいわばリンガフランカとなっていた。マレー語は、もともとはマレー半島の人々が使っていた言語であるが、かつてその地域が交易の中心になっていた時代があったため、これがその後も交易の共通用語としての地位を得るようになったのである。港湾都市をはじめとして、異民族が混在して住んでいるような地域では、結構多くの人が、かたことながらもマレー語を理解していた。マレー語は、植民地の複雑な言語状況を緩和するために、貿易や行政の便宜のために導入されていた言語なのである。

一九一〇年代になって、オランダ領東インドの全国各地からいろいろな種族が集まってきて、いっしょにオランダからの独立を目指す民族運動が起こってくると、彼らのあいだでの共通語として、このマレー語が使われるようになった。バンドゥンのような大きな、そして単に「原住民」だけではなく、インド・ブランダ、さらに外来の中国系、アラブ系、インド系など様々な民族が混在しているような町では、マレー語はかなり広く使われていた。

グラーヴェ家でもヒデは家族以外、とりわけ農園の使用人たちと話をするときや、市場や商店で買い物をするときはもっぱらこのマレー語を使っていた。今でも日本人駐在員の家庭では、ビジネス界で活躍する夫はもっぱら英語を使用するが、妻たちは、使用人とのあいだで結構自由に現地の言葉を操っていることが多い。ヒデも流暢なマレー語を話したようだ。彼女は子供たちとさえ、ときには日本語交じりのマレー語で会話していたという。ただそうなると、夫との会話は、どの言語も中途半端で一番ぎこちなかったかもしれない。そして一家の食卓では一体何語が飛び交っていたのかと考えると、おそらく一度の会話の中に複数言語が交わるピジン的な言語状況ではなかったかと推測される。このマレー語は、独立後はインドネシア語と呼ばれ、この国の国語に指定されている。

3 日本軍がやってきた!

ジャワにも近づく軍靴の足音

ヒデたちは人里離れたチカワルの農園で、子育てに奔走し、政治や軍事のしがらみとは縁のないのどかな生活を送っていたが、実はその間に、ヒデの祖国日本やアジアをめぐる情勢は目まぐるしく変化していた。ヒデが一九二〇年代初めにあとにした日本は、第一次世界大戦で連合軍側について勝利を得て、世界の「列強」の仲間入りをしつつあった新興国だった。参戦国とはいえ国土は疲弊しておらず、むしろヨーロッパ諸国がアジアでの勢いを削がれていたときその隙間に参入し、経済関係を深めていった。大戦前と比べて日本のオランダ領東インドへの輸出は一五三倍に、また輸入も四八倍に急増していた。その勢いはずっと膨らみ続け、一九三三年には、日本は宗主国オランダを凌いでオランダ領東インドの最大の貿易相手国となった。一九三五年にはオランダ領東インド各地に住む在留邦人の数は六五〇〇人に膨れ上がっていた。

在留邦人の経済活動の実態ならびに数とともに日本の存在感が大きくなるにつれ、オランダ当局の警戒心も強くなった。前述のように小さな村にまで分散して経済活動をしていた日本人商人の動きは、諜報活動をしているのではないかという疑いを招くことが多かったが、一九三〇年代になると日本軍の満州進出、中国との戦線拡大などを受けてその警戒心はさらに強まり、当局の日本人に対するネガティブな感情が膨らんでいった。どうやらオランダ当局は、国籍を問わず全国各地にいた日本人を洗い出し、地元の警察がその動向を探っていたようなのである。日本人の動向に関する山のような報告書がオランダの文書館に眠っているのを私は見たことがある。つまり、彼らが諜報活動をしているのではないかという危惧をオランダは抱いていたのである。特に、カイザルひげの将軍のトレードマークをつけて各地で販売されていた人気商品「仁丹」は、オランダを倒す「日本の将軍」を象徴したものだとして、オランダには警戒された。国籍は日本でなくても、きっとヒデの動向も見張られていたのだろう。

その後、日本とＡＢＣＤ諸国（アメリカ、イギリス、中国、オランダ）との緊張が高まり、一九三九年にはアメリカの対日貿易制限が課された結果、日本はオランダ領東インドからの交易によって石油などを手に入れようと考え、一時期交渉（一九四〇年一〇月―一九四一年六月）を続けたが、これも失敗に終わった。そこで、おそらく将来起こりうる戦争の可能性を考えて、南部仏印（現在のヴェトナム南部ホーチミン付近）に日本軍を平和的に進駐させ（一九四一年七月）、南方侵略の機会を狙った。それを察知したアメリカ、イギリス、オランダは、ただちに彼らの領土内における日本人資産を凍結するという処置を取った。手広く商売をやっていたバンドゥンの渡邊や安倍のような在留邦人も、資産凍結で経営ができなくなった。

1927年
ジャワで出回っていた仁丹のロゴ.

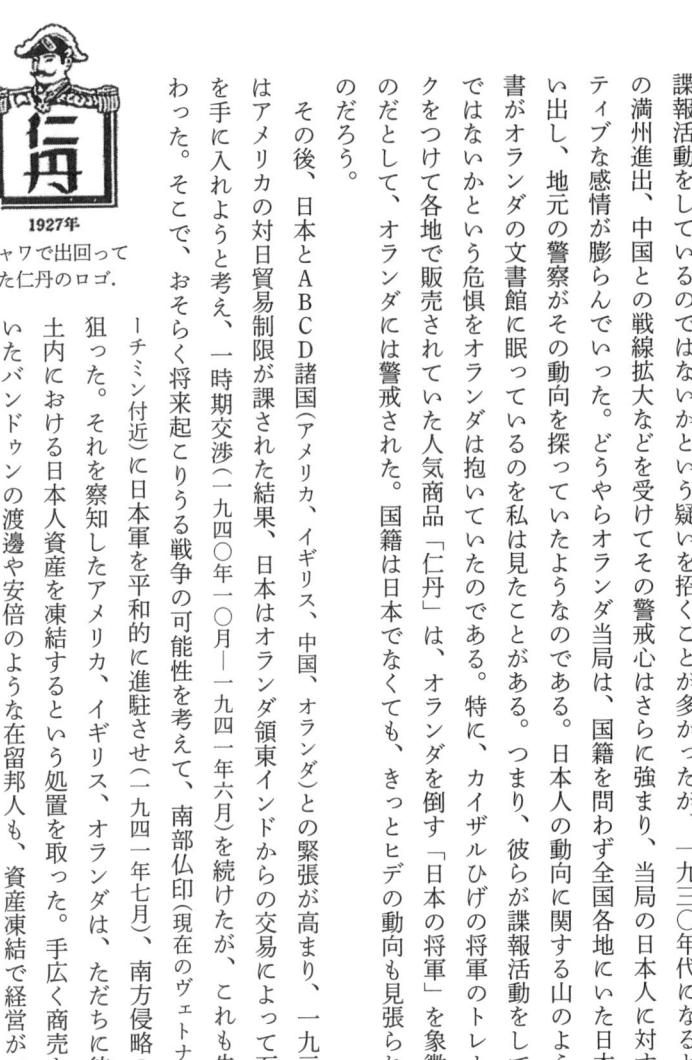

それを受けて日本政府は、東南アジア各地の総領事館を通じて在留邦人に帰国勧告を出した。しかし、そのようなことをオランダ当局に知られると、日本はいよいよ戦争を始めるのか、と勘繰られるかもしれないため、日本の外務省はこれを機密事項として扱い、日本人たちにも密かに行動することを求めた。とはいえ、店をたたんで一家が引き揚げるなどというのは、到底こっそり出来ることではない。周りもかぎつけ、またそれゆえに、資産を売却しようとしても足もとを見られて、渡邊らはマジャラヤの工場もバンドゥンの店もほとんど二束三文で手放した。しかも売却したお金は成人一人当たり最高五〇〇ギルダー、日本円にして一〇〇〇円しか持ち帰ることを許されなかった。「現地の横浜正金銀行支店の口座に入金しておけば、日本で引き出せるかも知れないぞ」という噂が広まって、残りの金を銀行に入れた人たちもいたが、結局その銀行も、のちに開戦時にオランダに接収されてしまった。

ヒデたちがどんな気持ちで渡邊や安倍の一家を見送ったのか、まだ幼かったリリーは何も覚えていない。引き揚げを希望する人たちは、バタヴィアへ集結し、日本からやってきた引揚船が、何千人という日本人を、まず老人婦女子から先に連れ帰った。「ヒデさんは日本人ではないから大丈夫だよ」と渡邊も安倍も言った。もとよりヒデには引き揚げる意思などまったくなかった。渡邊と安倍がどの船に乗ったのか、開戦前に無事乗船できたのかどうかすらわからない。ただ記録されているのは、最後の引揚船となった富士丸は、一九四一年一一月二四日に五二一人を乗せてバタヴィアを出発し、その後、東ジャワのスラバヤに寄港して、さらに一二八一人を乗せて一一月三〇日に出発したということである。

次の引揚船を待って、まだオランダ領東インドに残っている朋友たちはどうなるのだろう？　最後まで残ると言っていた領事館関係者たちの運命は？　富士丸の出航を前に、船内に大きなどよめきが走った。そして何より、長年住み、親交を深めてきた人々の国と自分たちの祖国とが戦争状態に入ったということがショックだった。「でも、これはオランダ領東インドで、オランダ人たちに虐げられていた〝原住民〟を解放するための戦争なんだから、喜ぶべきなんだよ」と、ラジオ・トウキョウ（日本の海外向け短波放送）の宣伝文句を信じている者もいた。富士丸が台湾へ来たところで、一二月八日に彼らは日本がアメリカ、イギリスに宣戦布告したことを耳にした。やがてオランダに対しても宣戦布告した。いわゆる「大東亜」戦争の始まりである。そして祖国へ到着したのは一二月一一日。日本中が戦勝気分に酔っていた。彼らは、残してきたインドネシア人従業員たちのことが気にかかり、複雑な感情だったろうと思う。

開戦――オランダに拘束される

人里離れたチカワル農園にいても、ニローム（オランダ領東インドの放送局）はもちろんのこと、海外からの電波も届いていたから、戦争が始まったことはヒデたちの耳にも入った。そもそも安倍や渡邉のおじさんたちが引き揚げていったころから、いつかこうなるのではないかという予想はしていた。いよいよ始まったのだ、「祖国」とオランダが戦火を交える日が！　とヒデは身を引き締めた。

ヒデたちには後でわかったことだが、日本国籍で、引き揚げに間に合わなかった人たちは、開戦の日の朝、いつものようにコーヒーを飲んでいると、警察官がやってきて、敵性国人だとしていっせいに身柄を拘束された。ジャワ島の場合は、スカブミという西ジャワの高原の町に収容されていたそうだ。この日本人の逮捕は徹底していたようで、ボルネオの山奥でゴム栽培をしていた人たちまでほとんどがつかまったという。彼らはその後、日本軍が攻めてくるらしいという情報が広まると、一九四二年一月にオーストラリアへ移されることになった。

日本軍は、開戦とともに、まずイギリス領のマレー半島に上陸し、徐々に南下してシンガポールを目前にしていた。別の部隊はアメリカの植民地であったフィリピンを攻撃し、米軍はマニラを撤退してバターン半島沖のコレヒドール島に立てこもっていた。オランダ領東インドでも油田のあるタラカン方面への空爆は一月に始まっていた。もし日本軍が上陸してきたら、このような多数の日本人の存在は不安要因となるだろうという判断から、オーストラリアへ移動させられ、終戦までそこの収容所に入れられたのである。同じように、マラヤ、シンガポールなどイギリス領にいた人々はインドに移された。

オーストラリアへ出発するとき、母親がインドネシア人や中国人であっても、日本人を父とする子供たちは有無をいわさず移動の対象となった。しかし妻たちには、同行してもよいし、夫や子供と別れて残留してもよいという、辛い選択が突き付けられた。結局多くは、子供たちと別れるのが辛くてオーストラリア行きを選んだ。狭い船にギューギュー詰めにされて、地獄船のような状態で彼らはオーストラリアまでの道中を耐えなければならなかった。

その間ヒデたちは、チカワルの農園で息を殺し、推移を眺めていたが、ある日、見慣れないインド・ブランダの警察官が農園までやってきた。農園までは車が入れないので、彼らは近隣のオランダ人のアルジャサリ農園の前にジープを止めて、歩いてやってきたようだった。

「日本とオランダが交戦状態になったことはご存知ですよね？」

警官は厳しい口調のオランダ語で語りかけた。

「でも、だからと言ってなぜ警官が、法的には日本人ではなく白系ロシアの一家である私たちのところに？」とヒデは納得がいかなかった。

「あなた方の安全のために身柄をお預かりします」

警官はオランダ語に時折マレー語を混ぜて説明した。ニコライはオランダ語の方が得意だったが、ヒデはマレー語しかよくわからなかったからだ。結局そのとき農園にいたグラーヴェ一家は全員連行されることになった。ほんの身の回りの品だけを所持することが許された。農園の従業員たちに後のことを頼み、足早に警官たちに従った。

その後、勉学のためにバンドゥンにいた子供たちも合流し、そこから汽車で中部ジャワのソロへ連行された。いったいどこへ連れて行くのだろうと思っていたら、さらに他の地方から来た人たちといっしょに車に乗せられて、着いたのはサラティガという高原の町だった。周囲を見ると、インドネシア人、中国人などいろいろな人々が混ざっている。西洋人も結構いる。あとでわかったのだが、ここに集められたのは、政治的に親日派とみなされた人、ならびにイタリアなど枢軸国の国籍を持つ人たち、つまり国際法的に言えば「敵性国人」であった。ただしドイツ人は、ドイツがオランダに侵入した一九四〇年五月にすでに身柄を拘束されていた。ニコライは「白系ロシア人」であって敵性国人ではないのであるが、配偶者が日本女性であるため、政治的に親日派と見られたのであろう。インドネシア人のなかには、日本へ留学して戻ってきたばかりだという人もいた。そしてその何人かは日本人妻を連れていた。ヒデにとっては初めて顔を合わせる人ばかりだ。当時、この国にもこんなに日本に関係した人がいたのだ。

サラティガでは、中国人所有の大きな家に収容された。ここで何十人もが生活することになったわけであるから、こういうときに一番大変なのはトイレや水浴び場などの「水まわり」である。限りある水を奪い合っての拘留生活になった。それに何より自分たちはこれからどうなるのか、正確な情報も入らず、ただ不安の日々を過ごしていた。

ある日、そこでちょっとした騒動が起こった。まだ七歳だったリリーの記憶によれば、たまたま二階の窓から外を見ていた彼女の目に、監視していたオランダ植民地軍の「原住民」兵が父ニコライに拳銃を突き付けている場面が飛び込んできたのである。言葉がうまく通じなくて、コミュニケーションギャップがあったのだろう。兵士はマレー語でひどく怒っていた。

「パパが殺される！」

リリーは声も出ないほど動転してしまった。ところがそこへヒデが飛び出してきた。そしてマレー語で「テンバック・サヤ（私を撃ちなさい）！」と啖呵を切ったのである。女性が出てきたので勢いを失った兵士は銃をおろし、ニコライの命は助かった。ヒデはそういう激しい性格だった。

日本軍の上陸

どれだけ月日がたったのだろう。三女ヴェラが生前に残したメモによると、収容されたのは一一日間だったということであるが、ある日突然警備の兵隊や警官たちがいなくなった。おそるおそる外を覗いてみると、なんと日の丸がたなびいている。なんということだ！　ヒデにとっては、もう二〇年も前に捨ててきた祖国の旗。日本軍は、一九四一年一二月八日に「大東亜」戦争に突入したのち、破竹のように勝ち進み、翌年三月一日にはジャワに上陸していたのである。そしてわずか八日後にオランダ植民地政権を倒し、この地を占領したのだった。収容所から出て行くと日本兵がいた。

「日本の兵隊さん？」と声をかけると相手はびっくり。

「なぜここにいるんだね？　あんたは日本人かい？」

そこでヒデは事情を話し、バンドゥンへ返してほしいと訴えた。

サラティガの収容所に収容されていた親日派の人々を解放した日本軍は、ヒデに出会ったとき日本女性がいるとは思っていなかったから、ただただ驚いた。状況は理解したものの、判断に困ったらしく、そこから八〇キロほど離れたジョクジャカルタにいる上官の指示を仰いだ。結局バスを用意して、バンドゥンまで戻してくれることになった。グラーヴェ夫妻と九人の子供のほかに、ヒデは自分の気に入った人たちを何人か選んで一緒に乗せてもらえるよう交渉した。そして小型バス二台で西ジャワへ向かったのだ。バンドゥンへ着くと、心配だったので、真っ先に農園へ行ってみたが、幸い略奪もされておらず、そのままの状態で残っていた。

日本が支配者に

日本軍が侵入し、オランダの植民地政権を倒したのち、この地はいったいどのような状況になったのだろうか？　オランダが正式に降伏したのは一九四二年三月九日。「大東亜」戦争の開戦からちょうど三カ月目のことであった。それまでに日本軍は、イギリス領だったマラヤやシンガポール、そしてアメリカ領のフィリピンなども手に入れていた。これ以降の戦闘で、さらにビルマ(現在のミャンマー)も手中に収めた。事前にラジオ・トウキョウの電波などを通じて、「アジアを解放するため」などといったプロパガンダを流してはいたが、真の目的は、アメリカから獲得するのがむずかしくなった天然資源等を確保するためであった。中国戦線を維持していくためには、そういった資源も、食糧も労働力も必要だと考え、東南アジア各地を欧米から奪い取ろうとしたのである。

欧米の植民地政権を倒したのち、日本はこれらの国々で、軍政と呼ばれる軍による統治を行った。「軍による」といっても、オランダ人を追い出してすべての統治を日本が行うわけであるから、軍人だけでできるわけはない。実際には、やがて日本の省庁の役人や都道府県の知事らが陸軍省へ出向のうえ多数派遣されてきた。

またそれらの人材を交えて行政機構が成立するのは、軍事的に占領してから数カ月たってのことであったから、それまでのあいだは、引き続きオランダ人を活用することもあった。しかし、日本から人材が到着し、インドネシア人の協力の下でやっていけるようになると、オランダ人は徐々に収容所に入れられた。ただし、インドネシア人との混血、いわゆるインド・ブランダと言われる人たちは、国籍がオランダであっても、日本軍に忠誠を誓う限りは収容を免れた。だからヨーロッパ人的な容貌の人たちが日本軍関係の役所で働いたり、引き続き巷を闊歩する光景も見られた。

日の丸たなびくジャワで

日本軍の統治が始まると、グラーヴェ一家の生活は大きく変わった。インドネシアのあちこちでオランダの三色旗に代わって日の丸が掲げられ、その力が顕示された。まずヒデは、バンドゥンの日本軍憲兵隊に赴いて協力を申し入れた。そのとき彼女の心の中で日本人としての「愛国心」が動いたのか、何か計算があったのか、それは子供たちにもわからない。一番下はまだ三歳になったばかりのワロージャを含めて九人の子供たちを守り抜くには、これしか方法がないと考えたのかもしれない。

最初にヒデが日本軍に頼まれて協力した仕事は、オランダの民間人のあいだで不穏な動きをしている者があれば摘発するということだった。グラーヴェ家の農園のすぐ隣で経営していたオランダ人のアルジャサリ農園は、実はオランダ軍の秘密の施設として使われていて、武器が隠されているという情報をヒデはキャッチしていた。そこでひそかにそれを憲兵隊に通告し、憲兵隊員と一緒に訪れた。前に述べたように、日頃からこのオランダ人とは折り合いが悪かった。バンドゥンへ行くのにハイヤーを呼ばなければならないような場合は、そのオランダ人の家まで行って電話を借りねばならなかったのだが、ヒデが産気づいて陣痛に苦しんでいたときに協力してくれなかったという苦い思い出があり、その恨みがヒデの心の中には強く残っていた。

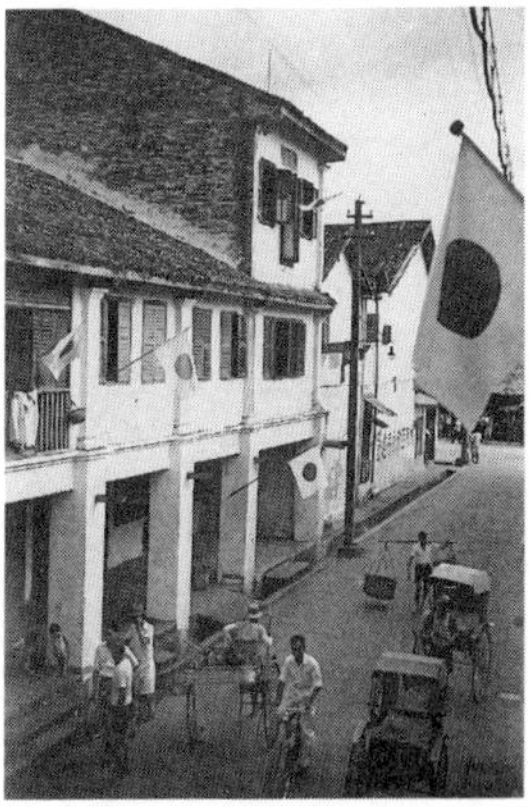

日の丸たなびく街角(宮古よしお氏撮影).

ヒデが憲兵隊員といっしょにそのオランダ人の農園へ入って行くと、オランダ人支配人ワレソン(Waleson)の妻は、これ

収容所で過酷な生活を強いられたオランダ人(Colijn(1989)*De Kracht van een Lied* より).

まで見たことのないような笑みを浮かべて、馴れ馴れしく「どうぞお座りになって」と椅子を差し出した。勝気なヒデは「私がお産で助けを求めてここへ来たとき、一度だって椅子を勧めてもらったことなんかなかったわ。だから今さらけっこうよ」と撥ね除け、「それより、あなたここに武器を隠しているでしょう？　出しなさい！」と迫った。そして隠していた武器を一つ一つ見つけ出して憲兵隊に捕獲させたのだ。その数はライフル二〇丁にものぼり、当初、三、四丁かと想像していたヒデ自身をびっくりさせた。祖国に協力できて大満足のヒデは、そのとき将来降りかかってくる不利益など考えてみることもなかった。その後このオランダ人の農園は、他のオランダ人資産と同じように日本軍に接収され、栽培企業公団という組織の管理下に入った。そして、おそらく日本のいずれかの関連企業が呼ばれて実際の経営を委託されたはずなのだが、詳細はわからない。その時期、グラーヴェ家は、自分たちの農園へ行くのに、その農園内を自由に車で通過させてもらえるようになった。

さらにヒデは、先にヨーロッパで開戦となり、ドイツがオランダに侵攻したころ（一九四〇年）、バンドゥンであるオランダ人が、収容所に入れられたドイツ人精肉店主の足元を見て、その店舗を安く買い叩いていたことを知っていたので、オランダが降伏してこのドイツ人が収容所から戻ってきた後、オランダ人を脅して返還させた。実はこれらの事件が、日本の敗戦後に彼女をオランダの刑務所に追いやる原因になるのだが、日本軍の戦勝の勢いに力づけられていたヒデは、ともかく祖国やその同盟国に協力しようと、自分なりの正義感に従っていたのであろう。

やがてこれらのオランダ人は敵性国人として収容所に身柄を拘束され、劣悪な環境で屈辱的な日々を送ることになった。おそらく日本軍への協力と引き換えだったのであろう。グラーヴェ一家はバンドゥン市内に家を与えられ、これ以降は生活の根拠地をチカワルの農園ではなくバンドゥンに移した。オランダ人所有の農園は「敵産」として日本軍に接収されたが、グラーヴェ家の農園の所有権は守られ、経営を続けることができた。しかし日本の占領下では、コーヒーや茶を大量に栽培しても、これまでのような輸出先がなくなってしまったため、彼らの農園の重要性もぐっと小さくなってしまった。したがって運営はインドネシア人職員に任せ、家族はもっぱらバンドゥンで生活して、日本軍の下で仕事をしたのである。

堀江三鹿喜大佐との出会い

日本軍の占領が始まってまもなくのこと、ニコライはバンドゥンの街角で思いがけない人物と再会した。話はなんと一九一九年、ロシア革命直後のシベリア出兵に遡る。一九一七年のロシア革命でモスクワやサンクトペテルブルクがボリシェヴィキに掌握されたのちも、最後の帝政ロシア軍（白軍）カッペリ部隊が、シベリアのバイカル湖畔を死守していた。帝政ロシアの貴族であり、ツァーの軍隊の将校であったニコライ・グラーヴェ大尉はそこにいた一人だった。日本軍は、それを後方支援するために陸軍第五師団の一部をシベリアに出兵していたのだが、そのなかに堀江三鹿喜という中尉がいた。カッペリ軍の大尉だったニコライ・グラーヴェは、数カ月間この堀江と個人的に親交を深め、ともに

堀江大佐，ヒデと娘たち（左からオルガ，堀江，エレナ，ヒデ，ヴェラ）．1942年12月撮影．

飲み明かし、お互いに激寒の地で孤独な戦いを挑む寂しさを分かち合ったものだった。堀江が戦後に残した手記によれば「白樺の緑濃やかな湖畔、ときには彼らとトロイカを駆って山野の花を摘み、クワス〔ロシアの微炭酸アルコール飲料〕を飲み、ときには酒杯を傾けて時事を論じ、踊り歌って夜を徹した仲間」だった。

その若き日の堀江中尉は、「大東亜」戦争が始まると、陸軍第十六軍司令部付きの大佐としてジャワ攻略作戦に参加し、一九四二年三月一日、今村均司令官とともに重油の海を泳いで渡り、ジャワ島西端のメラクに上陸した。そしてオランダ軍の降伏後、勝利者となってバンドゥンに足を踏み入れた。サラティガから解放されてバンドゥンへ戻っていたばかりのニコライは、ある日偶然街角でこの旧友の姿を目にし、思わずロシア語で「ホリエ中尉！」と声をかけた。まさかこの二人のいずれにとっても祖国ではない南洋の地ジャワで再会するとは、夢にも思わなかっただろう。

ニコライはさっそく堀江を自宅に連れて行き、ヒデと子供たちに紹介した。そのときのヒデの印象を堀江は、「八頭身というか清楚な容姿に、少しあいまいな言葉ではあるがまぎれもない日本語で話し……」と驚きを交えて記録している。それからグラーヴェ一家と堀江大佐との親密な交流が始まった。

堀江大佐は、バンドゥン市の北の方にあるチパガンティに邸宅を構えていた。当時一四歳だったグラーヴェ家の次男コラを気に入って引き取り、そばにおいてかわいがった。七歳になったばかりのリリーもその家によく遊びに行った。従軍していた朝日新聞の記者が取材し、一緒に写した写真が日本で記事になったことから、シベリア時代のニコライを知る他の日本人将校たちからも連絡が来るようになったという。堀江は、早くも一九四二年末にはバンドゥンを離れ帰国することになったが、そのときヒデは、衣服や宝石などいろいろな品物を大きな行李に詰め込んで餞別に贈った。

お国のためにご奉公

おそらく、この堀江大佐の口利きもあってと思うが、ニコライ・ヒデ夫婦も、またすでに中等教育を終えていた上の四人の子供たちも、バンドゥンにおける日本軍政のなかで重要な地位を与えられ、大きな信頼を得るようになった。日本軍関係者たちからは非常に重宝がられ、「三輪さん、家を探してくれないかな」とか「家具をそろえてほしいんだが……」などと頼まれ、快く手伝っていた。

ヒデはジャワ陸輸総局という役所で職を得たようである。当時陸輸総局は、バンドゥンに本部が置かれており、大きな組織だった。日本から運輸省関係者、国鉄関係者などが軍属として送られ、ジャワ全域の鉄道、バス、小運送を司っていた。ヒデは総局長吉松喬《たかし》(戦後、日本食堂社長)の通訳をしていたという。一家はオランダ人が住んでいた高級住宅街、スカルノが出たバンドゥン工科大学近くのガネシャ通りに住むことになったが、その隣が同じ陸輸総局の運輸部長兼総務部長(判任官待遇)だった田坂泰喬の家だったというので、おそらく役所から貸与された家だったのだろう。これらの家は、

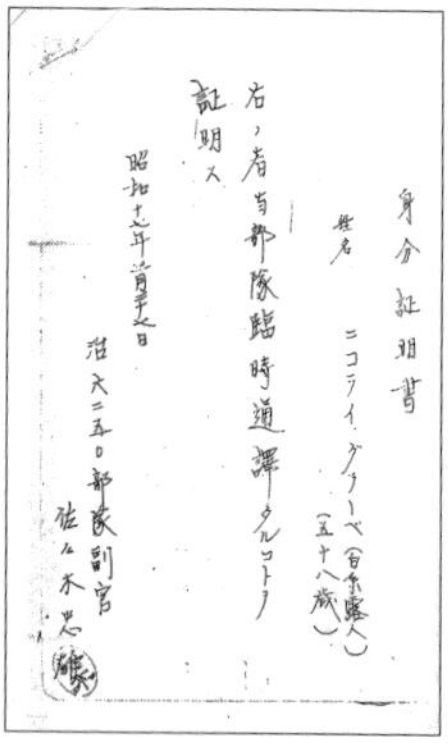
身分証明書
氏名　ニコライ・グナーベ（白系露人）（五十八歳）
右ノ者当部隊臨時通訳タルコトヲ証明ス
昭和十七年三月二十七日
治六二五〇部隊副官　佐々木忠雄

日本軍部隊から発行されたニコライの身分証明書. 1942年3月.

収容所に入れられたオランダ人所有のものを日本軍が接収したのであった。

HBS卒業後、高等工業専門学校を卒業していた長男のオレッグは、その専門を生かして電力会社に就職し、長女のオルガも一緒に採用してもらった。次女のエレナと三女のヴェラはプリアンガン州庁に勤めることになった。皆日本の教育は受けていなかったが、日本語の会話は不自由ではなかった。そんななかでやがて、オルガは中国電力から派遣されていた男性と、エレナは憲兵軍曹と、ヴェラは鉄道省の京都支部から母ヒデの勤務する陸輸総局に派遣されていた男性と、それぞれ交際が始まった。これについては後ほど詳しく話そう。

ニコライに対しては、早くも一九四二年三月二七日付で「右ノ者当部隊臨時通訳タルコトヲ証明ス」という身分証明書が治《おさむ》六二五〇部隊副官佐々木忠雄名で出されている。これは堀江大佐との劇的な再会によって、非常に大きな信頼を日本軍から得たためかもしれない。ニコライは、「白系ロシア人」という分類であり、日本にとって「敵性国人」ではなかったが、それでも他の外国人と同じように外国人居住登録宣誓を義務づけられた。彼はバンドゥン市役所で、一九四二年五月九日付で宣誓を行い、登録料として一五〇ギルダーを支払っている。下級公務員の二カ月分のサラリーに相当する高額である。おもしろいことに、国籍欄は「ロシア」、出生地は「カザン」、出身地は「ニッポン」と書かれ、その上に「白露」という判が押されている。

日本軍に協力

日本の軍政下では、このようにグラーヴェ家の家族の誰もがバンドゥン市内で職を得て、チカワルの農園に足を運ぶことは少なくなった。それでも堀江も農園に案内されているし、のちにヴェラの夫になる佐々木も招待されたことがあったと言うから、時折気に入った人たちを別荘感覚で連れて行ったのだろう。

このようにヒデは、それまでの地味な人生から打って変わって突然大きな役割を与えられ、意気込んでいたようであるが、しかし決して日本軍のやり方に何もかも同調していたわけではなかった。確かにアルジャサリ農園のオランダ人には厳しい態度をとったが、特にオランダ人全般に反感を持っているというわけではなく、彼らが置かれていた状況に対しては同情を感じていた。そして正義感が強く、好き嫌いの激しい性格だったので、これと思う人に対してはとても面倒見がよかったようだ。ヒデは、収容されずにキャンプの外で暮らしていた「敵性国人」への食糧配給を日本軍から任されたことがあったが、そのあまりの困窮ぶりを見て、知り合いのオランダ人たちに、こっそりたまごやバターを分けていた。行列を作って配給を受ける人たちに、「最後まで残っていて。あとで追加をあげるから……」と、特別に配給をしたりしていたのである。ヒデにとっては、日本人だとかオランダ人だとかいう区別ではなく、自分が好きな相手か嫌いな相手かということが重要だったのだと、娘のリリーは話している。

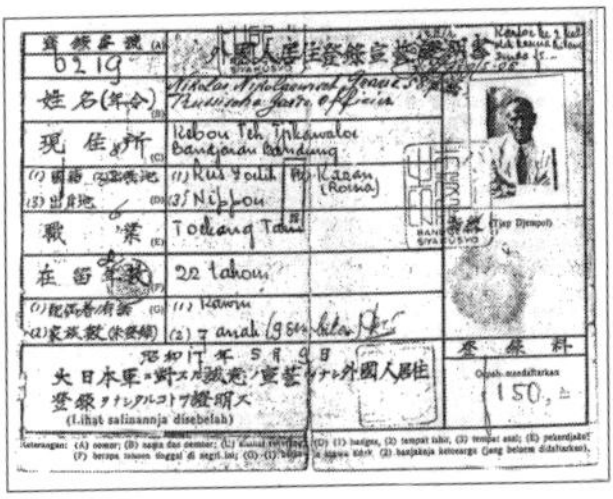

ニコライの外国人居住登録宣誓書．1942年5月．

またあるときは、娘のエレナが病気で手術を受けるために入院した際に、バンドゥンの病院で同室だった末期がんのオランダ人女性から、収容所の夫に一目会いたいと切実に訴えられ、あちこち手を回して夫を病院へ連れて行くことに成功したこともあった。

こういったことが知られて、ある日ヒデは日本軍の憲兵隊に呼び出された。出頭するとき彼女は、わざとハイヒールを履き、帽子をかぶってヨーロッパの淑女のような姿をして出かけて行った。入っていくなり、ヒデを呼び出したオムラという憲兵隊員は「なんだ、その非国民のような恰好は?」と恫喝した。「あら、そんなこと私の勝手でしょう?」と答えると、びんたが飛んできた。ヒデはそういう気性の激しい女性であり、まして本質的ではない身なりのことなどでどうのこうの言う日本のやり方には強く反発し、当時の日本女性には珍しく、はっきりものが言える女だった。「オムラさんだって、日本へ帰ればただの八百屋のおやじよ」と強気だった。

帰って来た在留邦人

桜洋行の安倍や渡邊など戦前オランダ領東インドに居住していた人たちは、開戦前いったん日本へ引き揚げたのちも、何とかインドネシアへ戻りたいと願い、日本で興南地元会という組織を作って軍当局に働きかけた。当時軍の占領地へは一般民間人の自由渡航はまったく認められず、軍人・軍属として採用されるか、あるいは、自分の勤務する企業が委託企業として認定されて、接収した敵国資産の管理運営に携わるような場合にのみ、派遣されることが可能だった。しかし軍当局には、戦前長いあいだ現地に住み着き、現地の事情にも言語にも通じている元の在留邦人たちを何とか活用したいという願望もあった。そこで興南地元会の要望とも一致し、彼らを「復帰邦人」というカテゴリーで特別渡航を許すことになったのである。ただし、家族での渡航は許されず、男性のみの単身であった。なかには陸軍省で正式に軍属として採用されたり、委託企業の職員として採用された者もいたが、とりあえず自費で渡航して、現地で仕事を探そうという人が多かった。

安倍家は残された妻だけになっていたので、再渡航は許されなかった。渡邊が実際帰ってきたかどうか、また帰ってきたとしてどのような形で戻ってきたのか詳細はわからないが、もしも企業関係者と一緒に船でやってきたとすれば、九死に一生を得るような体験をしていた可能性がある。企業関係者第一陣一三〇〇人を乗せた太陽丸は、一九四二年五月五日に宇品《うじな》を出港した三日後に、長崎沖で米軍の潜水艦の雷撃で撃沈し、八一七人もの命が失われた。またその三週間後に主として戦前オランダ領東インドで働いていた「復帰邦人」と呼ばれる人たちを乗せて出港した熱田丸も、台湾沖で潜水艦攻撃を受けて沈没し、多くの命が奪われた。このように開戦後間もないころから、日本はすでに制海権を奪われており、お国のために南方へ行く人たちも命がけだったのだ。しかしこの事故のことは、日本国民の士気をくじいてはいけないということで秘密にされた。

復帰邦人たちの資産は開戦と同時にオランダに接収され、その後日本軍の占領と同時に日本に接収されていて、彼らの手元には戻らなかった。軍政下では彼らは元の仕事に戻ることは許されず、軍が定める仕事に配属されるしかなかった。

日本語が武器になった時代——国民学校へ

グラーヴェ家の小さい子供たちは、日本の占領下で引き続き学校に通った。とはいえ、彼らが学んでいたオランダの小学校は全部閉鎖され、しばらくして再開されたときは、日本語の「コクミン・ガッコウ」という名称で、インドネシア語を使って教育するあらたな学校に様変わりしていた。それまでは、オランダ人やそれと同等の待遇の人たちが通うヨーロッパ人向けオランダ語の小学校（ＥＬＳ）、インドネシア人の上流階級の人たちが通うオランダ語の小学校（ＨＩＳ）、そしてインドネシアの一般大衆が地元の言語で学ぶ村の小学校（volks school）などと、階級別に就学できる学校も分かれていた。しかし日本軍政当局はこれをすべて一本化してコクミン・ガッコウとし、全部インドネシア語で授業を行うことにしたのだ。そしてそこでは日本的精神を叩き込むために、「修身」や「日本史」など日本のカリキュラムが取り入れられた。

教育用語に採用されたインドネシア語は、もっぱらヒデが使っていたあのマレー語のことである。日本軍が統治を開始し、さて何語で教育を行おうかと考えたとき、当然日本語という選択肢も考慮された。日本の植民地であった朝鮮半島や台湾では、すべての学校で日本語のみを使うことが取り決められ、友人同士のあいだでさえ、自分たちの言葉を使うと罰則が科せられた時代である。「優秀な」日本民族の文化にアジアの民族を同化してゆくことを良いことだと信じていた日本の驕りだった。しかしインドネシアではその過ちを繰り返さずにすんだ。インドネシアの有識者を集めて教育用語を選定するための審議会を作り検討した結果、マレー語と呼ばれている言語をインドネシア語と称して採用することにしたのである。

しかし、これまでオランダ語で教育を受けてきたグラーヴェ家の子供たちにとって、インドネシア語での新たな教育は非常に困難だった。日常会話では使っていたし、非常に簡易な言語であるとはいえ、読み書きは慣れていないので、突然の変更には簡単にはついていけなかった。学校教育を受け始めたばかりで戦争になったリリーにとってはさほどでもなかったかもしれないが、小学校の高学年や、中学・高校レベルの高等市民学校へ通っていた上の子供たちは、なかなか適応できなかった。

当時は生徒だけでなく、教師たちも非常に戸惑った。オランダ人教師はもちろん抑留されて姿を消していたが、オランダ語の学校で教鞭をとっていたインドネシア人教師たちも、自分自身オランダ語教育を受けていて、日常的にインドネシア語を使っていても、インドネシア語で教育を受けたことはなかったので、あわててこの言語を系統立てて覚えなければならなくなった。たとえば日本の小中学校で、ある日突然、これから全部英語で授業をします、というようなことになったと仮定してみよう。日本の先生たちは、「昔学校で習ったから誰でもできるはずでしょう？」と言われて英語で教えることを求められたとしたら、どういうことになるだろう。インドネシア人のインドネシア語能力は、日本人の英語力よりはす

「ニッポンゴ　マキ一」という教科書を使って日本語を学ぶ国民学校の学童(オランダ国立戦争史料研究所(NIOD)提供).

国民学校での朝礼風景．掲揚するのは「日の丸」だ(同上).

ぐれていたとは思うが、それにしてもちょうどそのような戸惑いだったと思う。

しかしグラーヴェ家の子供たちにとっては、ちょっと有利なこともあった。日本語が必修科目として初等教育の一年目から大学教育に至るまで取り入れられたのである。子供たちは母親と日本語で会話していたし、カタカナは教えられていた。だから日本語の時間になると、友だちがみな「ちょっと教えてェ」と近寄ってきて大得意だった。

国民学校では、誰もがいっしょに学ぶことになった。グラーヴェ家の子供たちがこれまで一緒に学んでいたのは、ほとんどがインド・ブランダの子供たちであったが、日本の占領下では、インドネシアの子供たちとも同じ学校に通うようになり、これも新しい体験だった。

子供たちを驚かせたり、戸惑わせたことはほかにもいろいろあった。校庭には「日の丸」が掲揚され、毎朝その下で「チョウレイ」が行われ「キミガヨ」を合唱した。そしてなんと全員で「ラジオ・タイソウ」なるものをしたのである。コラたち男子は中学校へ入ったのだが、そこでは日本人将校がやってきて、木銃を持たせて「軍事教練」を行った。「見よ東海の空あけて」などの日本の軍歌や、「モモタロウ」「ふるさと」「荒城の月」などの国民唱歌も習った。学校で覚えてきた日本語の歌を口ずさむ子供たちを見て、ヒデはどんな思いでいたであろうか。

空腹にあえぐインドネシア人たち

この時代、実はインドネシアの人たちは、とてつもない経済的な苦しみを味わっていた。平和な時代の貿易が全部ストップしてしまったから、それまで輸入に頼っていた衣料品その他の生活雑貨の多くが極端に不足した。この植民地は、コーヒー、砂糖など輸出向けの熱帯性農作物の栽培に力を入れる一方で、ほとんど工業化を進めていなかったから、様々な物資が不足したのである。普段余分な衣料品の蓄えがなく、洗い替えを一枚か二枚持っているだけの貧しい農民たちは、穀物を入れる麻袋をほどいて腰に巻いていたと言われる。

一方、日本軍は軍隊に供給するための食糧を求め、住民の消費用のコメまで無理やり買い上げたため、都市でも農村でも食糧不足が蔓延した。日本軍関係の施設や官庁事業所に勤める者は、特配があったのであまり影響がなかったが、市場に出回っているのはとてつもなく高価な闇商品で、庶民の手には届かなかったのである。この時代にもそういう苦しみとはほとんど縁の無かったグラーヴェ家の者たちはきっと、一般の人々の羨望の的だったであろう。あるいは自分たちは気づいていなくても、恨みを買うようなこともあったのかもしれない。住民たちの空腹の苦しさが、日本の血を受けついだグラーヴェ家の母子への恨みにつながったとしても決して不思議ではない。

食糧不足を少しでも改善するため、日本軍政当局は「不急不要の」農園の経営を縮小し、そこにイモやトウモロコシなど食料用の作物を植えるよう奨励した。グラーヴェ家の農園が栽培していたコーヒーや茶も輸出先がなくなり、ほとんど需要がなくなってしまった。「パパもほとんど農園へは行かなくなってしまった」とリリーが語っているのは、そういうことだったのだろう。

ママは女王様だった

前述のようにグラーヴェ一家は、バンドゥン工科大学の近く、ガネシャ通りに住居を与えられて住

バンドゥン市内に住み始めた日本軍政期のグラーヴェ夫妻と小さな子供たち.

グラーヴェ家には多くの日本人が出入りしていた.

んだ。グラーヴェ家には多くの日本人が出入りし、ヒデは彼らにすき焼きをふるまったりして歓待し、「ママさん、ママさん」と親しまれたという。グラーヴェ家の食生活は基本的に洋式で、ナプキンを敷いてナイフにフォークというスタイルだった。しかしこの時代は、オランダが天下を握っていた時代と違って、西洋料理を食べたいと思っても、チーズやバターなど乳製品はもちろんのこと、いろいろな食材が手に入りにくかった。その反対に、バンドゥンの近郊のチマヒという町で、味噌、しょうゆ、日本酒の製造を大規模に開始したから、日本料理の食材には事欠かなかった。

出入りしていたなかに日本軍のパイロットがいたが、あるとき「いよいよ出撃しなくてはいけなくなりました」と別れを告げに来た。ヒデは、娘たちと一緒にあわてて彼のためにセーターを編んでやったが、あまりに急いでいたので出来上がったとき左右の袖の寸法が違っていた。それでもそのパイロットは喜んでそれを着て出発し、二度と帰ってくることはなかった。きっと彼は「カミカゼ（特攻隊）」だったのだろうとリリーは述懐している。

日本語が通じて、かつ面倒見がよくて気骨がある明治女ヒデの存在は、故郷を離れて戦地で挺身する日本人たちには、オアシスになったことだろう。「一九四二年から四五年までのママは、まったく女王様だった」と末娘のリリーは述懐している

ジャワで聞いた玉音放送

ヒデが「女王様」だった時代は長くは続かなかった。日本はポツダム宣言を受け入れて、一九四五年八月一五日に無条件降伏した。ジャワにおいては連合国軍の再上陸はなかったため、この地の日本軍は無傷であったが、もともと勝つ見込みのない無理な戦争だった。オランダを追い出し、インドネシアをその支配下に置いてほしいままにしたのであるが、それは三年五カ月しか続かなかった。日記のように様々な思いを書き込んだヒデのアルバムには、「夢のごとくしあわせの日は過ぎた。けれどそれは悲しい終戦であった……」と綴られている。

日本が占領していた時代、ラジオ放送は、日本放送協会(NHK)がすべて管理して、第二放送は「東亜放送」という日本からの中継番組をやっていたから、ヒデもおそらく、終戦を告げる天皇の「玉音放送」を聞いたであろう。バンドゥンにいた日本軍や日本企業の関係者には前夜、一五日の正午にラジオの前に集まるようにとの招集がかかっていた。大東亜共栄圏内では一律に日本時間を採用していたので、それはジャワでも正午であり、多くの人が聞いたようである。しかし電波が悪く、耳を傾けていた人たちも、それが天皇の声だということはわかったようだが、言葉ははっきり聞こえなかったという。それでも何とか「終戦」は伝わったはずだ。ただしインドネシア人には当面そのこと

を伝えぬように、とのことであった。なんとインドネシア人に対して正式に終戦が伝えられたのは、八月二二日のことであった。

とはいえ、インドネシア人も決して黙って信じていたわけはない。禁を犯してひそかに敵国の放送に耳を傾けていた人たちもいて、「日本は負けたらしいぞ」という噂はジワジワと巷に広がっていった。そしてジャカルタに集まっていた民族主義者たちのあいだでは、若者を中心に「この機会をとらえて独立を宣言すべきだ」という声が上がった。「もう少し様子を見て……」と躊躇する慎重派とのあいだですったもんだした挙げ句に、結局八月一七日の朝、当時もっとも影響力のある民族指導者だったスカルノとハッタの名において独立を宣言した。世の中の力関係が一斉に崩れ始めたのである。

II

異邦人になった
グラーヴェ家の人びと

ファッショナブルなヒデ．

4 革命の嵐のなかで

インドネシアの独立

前述したようにインドネシアの民族主義者たちは、スカルノらが中心となって終戦の二日後、一九四五年八月一七日にインドネシア共和国の独立を宣言した。しかし、やがて終戦処理のために連合軍が上陸してきた。最初にきたのは宗主国オランダの軍隊ではなく、インドからやってきたイギリス軍だった。彼らの最初の仕事は、日本軍に捕らえられている連合軍の捕虜を解放するとともに、日本軍を武装解除して身柄を拘束することだった。イギリス軍は、オランダの意向を受けて、八月一七日に宣言された独立宣言は日本の支援によるものであり、この独立は認められないという立場を取り続けた。その主張には理由があった。

日本は占領期間中、独立という言葉は禁句にして、密かにこの資源豊富なインドネシアは「永久に」保持するという方針で臨んでいたのであるが、だんだん戦況が悪くなってきて民族主義者たちの協力を得にくくなってくると、一九四四年九月に、「将来東インドに独立を与える」ことを約束せざるを得なくなった。それでも当初は時間稼ぎのようなところがあって、具体的には独立に向けて何ら具体的な措置は取られなかったのであるが、いよいよ連合軍による日本の本土上陸が目前に迫ってきた一九四五年五月、インドネシア人や華僑など六〇人からなる独立準備調査会なるものを設立して、具体的な独立に向けての法的・制度的な準備を開始させた。そしてその会議の席上、やがて独立する際の建国原則、憲法草案などを準備した。ところがその準備作業は、日本軍の降伏のために、突如中断してしまった。

八月一七日の独立宣言は、ポツダム宣言に基づいて「終戦時の現状維持」に固執する日本軍の強固な反対のなかで、インドネシアの民族主義者たちが独自に宣言したものである。しかしながらその際には、すでに用意されていた建国五原則や憲法の草稿をほぼそのまま採択した。

また、独立を宣言したあとのインドネシアは、日本にプレッシャーをかけて官庁事業所を日本の手から引き継ぎ、急ごしらえで自分たちの軍隊を設立した。水分を失った草木のようにしおれてしまっていた官庁事業所や企業の日本人職員たちは、権限を引き渡せと求めてきたインドネシアの民族主義者を前にして、多くが抵抗もせず引き渡した。さらに日本軍が占領中、将来連合軍と再び交戦した場合にともに戦わせるために訓練していたジャワ郷土防衛義勇軍や、兵補と呼ばれる補助兵たちがインドネシア軍の中心となって軍隊を編成した。連合軍はこのような状況を見て、このインドネシアの独立は日本がバックアップしたものであって、認められない、と主張したのである。

そのような解釈にインドネシア側は猛反発したが、実は日本でも戦後になってこのような背景を強調し、自分たちはインドネシアの独立を助けたという、アジア解放説を打ち出す根拠とするような人たちが出現した。それほどその間の日本の関与は、あいまいさや勝手な解釈、印象を与える余地を残していたのだった。

そのような経緯から、イギリス軍に同行してやってきたオランダの民政担当機関は、インドネシアの独立を認めず、植民地統治を復活させるという姿勢を示した。そのプレッシャーを受けて、ジャカルタにあったインドネシア共和国政府は、一九四五年一一月にジャワ島中部のジョクジャカルタに首都を移すことを余儀なくされた。そしてジャカルタはバタヴィアという旧名に戻されて、ここにオランダの植民地政権が復活した。このころになると、ジャワ島各地で収容所に入れられていたオランダ人が解放されて巷にでてきた。

スカルノらが中心となって、インドネシア共和国はすでにイギリス軍の到着までのあいだに急速に実態を整えており、各地で衝突が相次いだ。正規軍と称する部隊のほかにも、様々な団体がありあわせの武器を取って独自に編成した武装集団が出現していた。これらの軍隊は、まだ武装解除されないでいる日本軍の部隊にも押し寄せ、武器を引き渡すよう要求したが、日本側もさすがにこれには応じられず、インドネシア側とのあいだに小競り合いも起こった。

抑留されていたオランダ人たちが釈放された場合、当然この独立を阻止するであろうと考え、インドネシア側はその釈放に反対したため、収容所を出た民間人の安全確保がむずかしくなった。日本軍は、連合軍に降伏手続きを取ったのち、武装解除されて各地に用意された捕虜収容所に集められていたが、やがてインドネシアの各種武装組織と連合軍の衝突が始まると、治安維持のために再びその一部が駆り出された。そうして、連合軍、日本軍、インドネシア軍が三つ巴になって緊張した状況が出現した。

混乱に直面したグラーヴェ一家

グラーヴェ一家はこの一連の激変をどのように生き延びたのであろうか。ヒデは、「もうここにいてもしょうがないわ。農園に帰りましょう」と、日本の敗戦後に新たに職を得ていた一番上の兄オレッグを除く他の家族を促してチカワルの農園に帰ることにした。しかし町を出ると、正規軍とは別に、インドネシアの青年たちが仲間たちと武装グループを組織しており、それぞれが血気盛んに動き回っていて、治安は非常に悪かった。独立部隊と言っても決して統率のとれたものではなかったのだ。

農園に行く途中そのような武装グループの一つが集まって会合をしていた。不穏な雰囲気だったが、ヒデは恐れもせず、「私にもちょっと話させて頂戴。日本人があなたたちに軍事訓練を与えてくれたから、今あなたたちはこのように力をつけることができたんでしょう？　私はこれから自分の農園に物を取りに行くのだから、その安全を保障して頂戴」と流暢なインドネシア語で談判したという。

そのようにしてチカワルにたどり着いたが、まもなく彼らの農園の使用人三人が殺され、死体で見つかるという事件が起こった。同じインドネシア人なのに、とヒデは怒り狂った。ロシアで散々な目に遭っていて大の共産主義嫌いのニコライは、「共産党の仕業に違いない」と吐き捨てた。そのようなとき、毎日バンジャランから運ばれてくる牛乳に添えてメモが届けられた。グラーヴェ家が所持している武器を引き渡せという、インドネシアの武装グループからの要求だった。確かにグラーヴェ家には昔から猟銃や、日本軍にもらったピストルなどが何丁かあった。「いったいどうして知っているのかしら？　素性のわからない部隊にこんな大事な護身用の武器を渡すわけにはいかないわ」と、ヒデは強気だった。そして、やってきた部隊の代表者たちに対して、「戻りなさい。そしてこれがミワからのプレゼントだと伝えなさい」と言い放って唾を吐きかけた。白人男性と日本女性が築くこの家庭は、インドネシアの独立派の人たちにとってはまったく異邦人のもので、支配し搾取する側の人間であるから、いつなんどき襲撃の対象になっても不思議でない。血気盛んなヒデの態度は、武装部隊を前にかなりきわどいものだった。

そういう状況を心配して、あるとき別のインドネシアのグループがやってきて、「グラーヴェさんご一家はバンドゥンに戻られた方がいいと思いますよ」と諭した。彼らがやってくるのを農場の高い丘からずっと見ており、子供たちにまで銃を持たせて警戒態勢を敷いていたニコライとヒデは、それを聞いて力が抜けたように、「もうここにはいられない」と、翌日すぐに再びバンドゥンへの引き揚げを実行した。

ロシア正教会に身を潜めて

しかしバンドゥンへ戻ってみると、ガネシャ通りの家にはもうオランダ人が住んでいた。もともと、収容所に入れられたオランダ人の家を、日本軍が接収して使っていたのだから、元の持ち主の手に戻ったのは当たり前と言えば当たり前だった。住むところを奪われたグラーヴェ一家は、クボン・シリ通りにあったロシア正教会の地下に住まわせてもらうことになった。そこはアパートメントのようになっていて、いくつかの個室があり、他にも何人かの白系ロシア人が避難してきていた。全員がそこに住むのは困難だったので、大きな子供たちはインド・ブランダの友人のところへ身を寄せ、下の二人の子、つまりリリーとワロージャ、そして次女のエレナだけを親元に残すことにした。

ヒデがこれまでの女王のような生活から、思いもよらない政治的な激動のなかに放り出されたころ、日本軍の多くは武装解除されてキャンプに収容されていた。捕虜の身分で様々な労役に駆り出されることもあった。またこの期間に連合軍は、戦争犯罪とみなされるような違法な行為や残虐行為をした日本軍関係者を摘発して取り調べを開始した。インドネシア人やオランダ人の被害者が駆り出されて首実検し、憲兵隊員、捕虜収容所看守などの多くが取り調べの対象となった。

そのような状況のなかで、ある日顔見知りの憲兵隊員が、当時はとても高価だった卵をバスケットにいっぱい持ってグラーヴェ家にやってきた。しかしヒデは、「日本が負けたからって、急に態度を和らげてもダメよ」と怒って、卵をみな床に叩き付けてしまった。憲兵隊員は戦時中威張っていた分、今後戦犯容疑の対象にされる可能性がもっとも高く、もっとも弱い立場に置かれていた。ヒデになんらかのとりなし、あるいは有利な証言を求めに来たのかもしれない。

一方、戦犯容疑のまったくない者たちは随時日本へ引き揚げさせることになり、引き揚げは早くも一九四六年から開始された。連合軍の方針で、あらゆる日本人は、その意思に関係なく、全世界の占領地並びに旧植民地から引き揚げなければならないことになったのである。それは軍人軍属に限らず、満州に入植していた民間の開拓者たちも、フィリピンに入植し麻栽培に従事していた日本人たちも、「すべて」が対象とされた。現地の女性と正式に結婚している場合でも、男性の国籍が日本である限りはその子供たちもまた日本人とみなされ、引き揚げねばならなかった。

二人の娘と日本人軍属の結婚

ヒデは血統の上では日本人であっても、夫の国籍に従うものと考えられたため、子供たちも含めて引き揚げや国外追放の対象とはならなかった。しかしグラーヴェ家は、別の問題に直面していた。三人の娘が日本人と恋に落ちており、その相手も間もなくこの地を去らねばならないのだった。戦争中日本軍は軍人、軍属が占領地で結婚することを許さなかった。しかし実際には多くのカップルが非公式に誕生し、子供が生まれているケースもあった。ところが法的には婚姻関係にないため、引き揚げに際して「妻」や子供の同行は許されず、ただ冷酷な別離が待っていた。もっとも、日本軍の占領中に数万人は生まれたと言われる日イ混血の子供たちの父親には、一時的な慰めのために女性との関係を持った者が多く、最初から、いずれ来るであろう別離を前提としていたのかもしれないが……。

だから多くのインドネシア女性はあきらめていたのであるが、人権意識の強いインド・ブランダの女性たちのなかから、実質的に夫婦であり親子である者たちを、意思に反して引き裂くという非人間的な行為をどうしても受け入れられないという強い声が出てきた。前述したように、日本軍占領中、オランダ人は民間人も含めて収容所に入れられたが、インド・ブランダと呼ばれた混血の人たちは、日本軍への忠誠を証明しさえすれば、その国籍にかかわらず、自由の身でいられた。彼女たちが日本男性と恋に落ちることも多かった。そのような女性たちが中心になって、なんとか「夫」との同行を認めてほしいという要望をイギリス軍のもとで訴えたのである。

終戦当時、主計少尉としてバンドゥンに駐屯し、イギリス軍との打ち合わせのためにしばしば司令部を訪れる機会のあった大庭定男は、インド・ブランダの女性たちが、イギリス軍司令部や日本軍の旅団司令部に掛け合って、自分たちも「夫」とともに日本へ行けるようにはからってくれと陳情していた光景を覚えている。彼女たちは日本軍の混成旅団司令部にも懇願に来ていたが、日本軍側は、明治乳業の工場長だった佐藤某に対応を依頼し、日本の困難な状況を説明し、思い留まるよう説得させていたという。インドネシアに留まった女性たちには、当時貴重品であった布地などを特別に支給し便宜を図ったが、多くの女性たちは意思を変えなかった。

　同じ白人の血をひいた女性たちからの訴えだったためかもしれない、ともかくイギリス軍はそれに耳を傾け、そのような女性たちを守るために、急遽、日本人の軍人・軍属が正式に結婚したうえで、妻子を連れて日本へ引き揚げる道を模索してくれたのだ。高等法院の法務官としてジャワ占領軍政に携わっていた平賀源太も交えて検討した結果、正当な手続きを経て結婚すれば、夫とともに日本へ行くことを妨げない、という結論に至り、そのために次のような指針が出された。

　結婚の条件として、当事者はまず双方とも未婚であることを証明しなければならず、そのために、男性は日本から戸籍を取り寄せることが要求された。しかも三〇歳未満の男性は両親の承諾が必要とされた。また女性の側は、未婚であることの証明書のほかに、年齢にかかわらず両親からの承諾書が必要とされた。さらに男性の側は結婚するだけの経済力があるかどうかを証明するために、資本、財産、日本での就職の可能性、居住場所、仕事がない場合家族からサポートが得られるかどうか、妻以外に扶養しなければならない家族がいるかどうか、などの質問に文書で答えねばならなかった。以上をクリアしたのちに、軍政当局の役人のもとで作成した結婚宣誓書四部を平賀法務官に提出し、そのうち一部に認証印を押してもらい、これが結婚証明書として使えるようになるということであった。

当初は、すでに日本人男性とのあいだに子供が生まれていた女性や、妊娠している女性のみ同行が許されるという噂が広まったため、おなかに布を巻きつけてやってくる「にわか」妊婦が多かったというが、最終的には子供の無い女性も同行を許されることになった。

日本側は「現地の女性と結婚するに際してとるべき措置の主要なポイント」と題する指針を出しているが、そこには、「一般に国際結婚の場合は女性の方の国に住む方が幸せだと言われており、日本の気象学的な環境、戦後の経済状況、まったく異なる生活様式、家族制度などを考慮に入れると、これらの女性が日本で幸せになれる可能性は低い。しかしながら現状では、このまま引き続きジャワで結婚生活を送ることは許されない……」という趣旨の文書が残っている。結婚したカップルが一緒に生活することを望むならば日本へ行くという選択しかありえなかったが、諸条件を考えると、女性たちは日本へ行っても幸せになれないであろうことを予測している内容である。

相手の男性の方は、そのころすでに多くが、単身で復員する準備のために連合軍の収容所に集結していたが、イギリス軍は女性たちの訴えに基づいて当該男性を呼び出し、結婚手続きをさせた。このまま逃げ帰ろうと思っていたずるい男性も当然いただろうから、さぞ当惑したことだろう。

日本人男性と恋仲にあったグラーヴェ家の三人の娘たちにとって、これはむずかしい選択だった。次女エレナの場合は、相手の憲兵軍曹Tが、戦犯容疑がかかるのではないかと恐れ、収容所から姿を消してしまった。前述の大庭定男によれば、その人物は日本軍から逃亡して身を隠し、巧みに連合軍の追及を逃れたため、手続きができなかったが、世の中が安全になったのち、一九五〇年代初めに日本へ戻ってきたという。長女のオルガは、中国電力からジャワの電力会社に派遣されていた高橋某と、また三女のヴェラは陸輸総局の佐々木一男と正式に婚姻手続きを取って、日本へ行くことになった。
前にも述べたが、ジャワの陸輸行政の中心はバタヴィアではなくバンドゥンに置かれており、それを取り仕切る陸輸総局は、非常に大きな組織であった。総局長には東京鉄道局長であった吉松喬が就任し、主として鉄道省、逓信省、国鉄などから人材が派遣されていた。もともと佐々木は鉄道省の京都支部で働いていたが、徴兵され、しばらく兵役に従事したのち、日本軍の占領から七、八カ月たった一九四二年末に軍属として徴用され、ジャワに着任した。そして陸輸総局運輸部に配属され、何人かの職員や上司と一緒に市内の社宅に住んでいた。上司たちのお供で、まだ若い佐々木も時々グラーヴェ宅に足を運んでいたらしい。そのころに撮影したと思われるグラーヴェ家の人々と佐々木がいっしょに写っている写真がある。子供たちの年齢から推定して、一九四三—四四年ころの写真だろう。

佐々木(後列中央)とグラーヴェ家の人々．左からワロージャを抱くヴェラ，シュラ，リリー，ヒデ，オルガ(またはエレナ)．

彼は、終戦後もＲＡＰＷＩ(Recovery of Allied Prisoners of War and Internees)と呼ばれる連合軍の組織に駆り出され、連合軍の捕虜の釈放・救出作業を手伝う要員として働いていた。そのため他の日本軍関係者のように収容所に入れられることなく、引き続きバンドゥン市内の住宅に住んでおり、ヴェラとの接触も続いていた。
　リリーの記憶によれば、ある華僑青年が言い寄ってきていたこともあって、ヴェラは当初佐々木との結婚をはっきり決めかねていた。しかしヒデが、「日本軍が勝っているときには日本人に恋して、負けたからといってやめるのは卑怯よ。貫き通しなさい」と強く勧めて、佐々木との結婚を迫ったのだという。しかし、実は父のニコライや、兄のオレッグは日本人との結婚には反対だった。

ヴェラと佐々木が日本へ行ったいきさつについては、私がこの調査を始めたころにはまだ存命であった佐々木一男から、亡くなる二年前に話を聞くことができた。佐々木は、平賀法務官とイギリス軍将校が相談のうえ決めた前述のような結婚の条件、つまり未婚であることを証明するために戸籍謄本を取り寄せるとか、三〇歳未満の場合は親の承諾を得るなどという条件を実行した記憶はないとのことだった。しかし、それが単なるアイディアだけではなく実行されたらしいことは、他のカップルのケースではあるが、日本の戸籍謄本やそれを発行した市町村からの送り状が、ハーグのオランダ国立文書館にたくさん残っていることから確認できた。どうやら個々人が自分の市町村に依頼したのではなく、ジャワの軍政当局が、申請のあった結婚志望者の市町村へ公的ルートで依頼したようである。そうでないと、そのころは個々人では通信手段もなかったであろう。だから佐々木の記憶にもとくに残っていなかったのかもしれない。彼が覚えているのは、婚姻の手続きをし、バンドゥン市内のクボン・シリ通りのロシア正教会で結婚式を挙げてから、それまで長兄のオレッグと一緒に住んでいたヴェラは佐々木に合流し、同じような状況にあった他のカップルとともに、用意された宿舎に収容され、日本への引き揚げを待つことになったということである。

オルガとヴェラは、一九四六年六月に日本へ行くために、家族に別れを告げてバンドゥンを出発した。そのときちょうど、捕虜としてジャカルタのタンジュンプリオク港での作業に従事するためにバンドゥンを出発した大庭が、同じDC-3機に二人の娘が乗っていたことを覚えている。バンドゥン—ジャカルタは通常陸路で簡単に行ける距離であったが、航空機を使ったというのは、よほど道中の治安が悪くなっていたのであろう。グラーヴェ家の姉妹たちは美人で、バンドゥン勤務の日本人のあいだで有名な高嶺の花だったから、大庭もよく知っていた。二人の姉妹がジャカルタに着くまでずっと泣きじゃくっていたのを、彼は忘れられなかった。

ヒデたちに向けられた憎しみ

ジャワ島各地はオランダの支配地域と、インドネシア共和国の支配地域に徐々に分かれていったが、オルガとヴェラが日本へ発つ前に、バンドゥンは完全にオランダの手に渡った。ここでは、一九四五年一一月にイギリス軍が最後通牒を出し、鉄道線の北側からインドネシアの部隊が全面撤退することを求めた。長いあいだ対立が続いたが、一九四六年三月二三日、バンドゥン北部に住む二〇万人のインドネシア人は、オランダの手に渡ることを拒否して自らの家に火を放ち、南部へ撤退した。燃え盛るバンドゥンの町を見て、人々はこれを「火の海のようだ」と称した。有名な革命歌「ハロ・ハロ・バンドゥン」はこの事件を歌ったもので、火の海を目の当たりにしながら、いつか必ず戻ってくるぞという強い意志が表現されている。それ以後も共和国側の各種の武装団体は、しばしばオランダ支配地域に出没して小さな戦闘を展開し、状況は極めて不安定であった。

オルガとヴェラが日本へ向けて出発したのち、グラーヴェ家はオランダの支配下で、さらに困難な状況に直面していた。何しろ後ろ盾であった日本人たちが皆次々に帰国してしまったあとに残されたのであるから、様々な憎しみや怒りが彼らに向けられたのである。リリーは、「ママは日本軍の責任を一身に背負った」と述べている。

ロシア正教会に身を潜めていたある日、ヒデと下の二人の子供たち、そして日本人の恋人が姿を消し、インドネシアに留まった次女エレナのもとに、オランダ領東インド民政府(終戦後に行政機構として作られたオランダの組織)のオランダ人がやってきた。「お前たちは日本軍が隠した貴金属を預かっているだろう」というのだ。日本の占領時代、「お国のために」住民から強制的に貴金属を徴集した担当者(国営質屋の責任者)の名前がワタナベといい、ヒデの親戚の桜洋行の渡邊おじさんと同じ名前だったために疑われたらしい。日本軍から預かったものではないが、ヒデは実は結構たくさんの貴金属を自分で持っていて、小さな机の引き出しにまとめて隠してあった。そのオランダ人を前にして机を蹴っ飛ばし、「探すならどこでも探しなさい」と啖呵を切った。まさか蹴っ飛ばした机の引き出しに大事なものが入っているとは思わなかったオランダ人たちは、部屋の他の場所をあちこち探しても見つからないため引き揚げて行った。

ヒデ夫妻逮捕される

その後まもなく、一九四六年末ごろ、ロシア正教会にオランダ官憲がやってきた。そのときはエレナと、下の二人の子供リリーとワロージャがいたのだが、その子供たちの目の前で、母親を連行していった。泣きわめく弟妹を見て、興奮のあまりエレナはオランダ官憲に侮辱するような言葉を吐き、これがいっそう彼らの印象を悪くしたという。別の場所に住んでいた父親ニコライもほぼ同じころ連行された。日本軍が去ったあと、残された親日家に怒りが向けられたということのようである。

ニコライは裁判なくして投獄され、早い時期に釈放されたが、ヒデに対しては、一九四七年一一月一三日に臨時軍事法廷で裁判が行われた。八八頁以下に紹介するこの年の五月三〇日付のエレナの書簡に、「パパは釈放されて戻ってきたが、ママはまだ投獄中だ」と書かれているが、おそらく当初は未決のまま勾留されていて、ようやく一九四七年一一月に裁判が始まったのであろう。

バンドゥンで刊行されていたオランダ語日刊紙 *Dagblad*（一九四七年一一月一一日付、一二月二四日付、一九四八年一月二九日付）にヒデの裁判が報じられており、それによれば、彼女に科された罪状は、およそ次の四点だった。

1　アルジャサリ農園のマネージャー、ワレソンが武器を隠していたことを、ヒデが自らの意思で憲兵隊に通告し、それを接収するのを手伝ったこと。

2　憲兵隊の力を笠に着て、ドイツ人Sがオランダ人Hに売却した精肉店を、Sに返却するよう強要したこと。一九四〇年五月にオランダとドイツが開戦したとき、ドイツ人であるSは身柄を拘束され、そののちに妻が、経営していた精肉店をオランダ人Hに売却したのであるが、日本軍のインドネシア侵攻によって立場が逆になり、ドイツ人は釈放されて戻ってきた。そのときにヒデはドイツ人の肩を持ち、オランダ人Hに、その精肉店を返却するよう強要したというものである。

3　ペー・エン・テー・ランデンという私領地の職員Jが、日本にシンパシーを持っていた同じ私領地の職員Dに、実際には二五〇ギルダーの借金があっただけであるのに、職権を濫用して五〇〇ギルダーを返却させたこと。

4 レンバン通り三一九番地の家を取り上げて、日本軍人の住居に充てたこと。

ヒデは最終的にこれらを認めた。そして一九四八年一月に懲役二年(リリーの記憶によれば一年六カ月)の刑が科され、若き日のスカルノが政治犯として囚われていたバンチュイ刑務所に収監された。この裁判では最初、スナルヨというインドネシア人の弁護士を立てたが、彼はオランダを恐れて弱腰だった。そこでヒデは「日本軍の責任は私がとるわ」と、自分で自分の弁護をすることにしたそうだ。のちに三男のキラが西イリアン(後述)で働いていたとき、このときに裁判官の一人であったオランダ人に出会った。その裁判官は、キラのグラーヴェという姓を見て思い出し、以前バンドゥンでロシア人の妻である日本女性の裁判を担当したことがあると語り、「この世で一人だけ私が尊敬する女性がいるとしたら、それはあなたのママだ。誇りに思っていいよ」と称賛したそうだ。「日本軍の責任は私がとる」と、自分が本当にやったことに対しては言い訳もしなかったその潔い態度に、オランダ人も打たれたのだろう。

エレナが日本の姉妹に宛てた手紙

さて、父も母も監獄に入れられたのち、長兄のオレッグと、インドネシアに残されたなかでは一番年上の娘であるエレナが弟や妹の世話をするとともに、父と母への差し入れに毎日刑務所に通った。

オレッグがかなりの高給取りだったため、生活は彼が支えてくれたが、エレナは母親代わりとして様々な役割を果たさねばならず、どんなにか心細かったことだろう。しかも日本へ行った姉と妹が元気でいるのかどうか、ほとんど便りがないので、それも心配だった。そもそもインドネシアは国際郵便が正常に機能していない地域であったから、手紙を交換するには政府の外交便ルートに依頼するか、あるいはアメリカなど第三国を経由して出すしかなかった。このころ日本に取り残されていた戦前・戦中からのインドネシアの留学生も、国際赤十字の仲介で数年間にたった一回だけ二五文字という制約のもとで、故郷に電報を送る機会を与えられただけであった。

すでに述べたように、私がこのグラーヴェ一家の物語を書くきっかけになったのは、ジャカルタの文書館で見つけた、在日オランダ軍事使節団からの文書と、ある一通の書簡だった。後者は、かなり古くて文字がつぶれたタイプライターで打たれた一九四七年五月三〇日付の長い手紙だった。その当時の様々な文書とまぜこぜになって保管されていて、ふと見逃してしまいそうな紙切れである。背景がわからないので、読み解くのはずいぶん困難だったが、どうやら日本にいる姉妹に宛てた手紙だということがわかった。多くの人にとっては歴史的に何の価値もない紙片だったと思う。しかし実はこれは、グラーヴェ家の娘エレナが、日本にいるオルガ、ヴェラ、そしてその夫の佐々木宛てに書いた手紙だったのだ。そのときの私は、このグラーヴェ一家のことをもちろんほとんど知らなかった。ただ、「ママが監獄にいる」だとか、「ママは日本に帰りたがっている」などという文章は放ってはおけず、思わず夢中で目を走らせた。

私的な様々なルートで何回か手紙を送ろうとしてうまく行かなかったエレナは、公的なルートに依頼することを考えたようだ。多分バンドゥンのプリアンガン州政庁を通じて、日本のオランダ軍事使節団に送ってもらうよう依頼し、それがバタヴィアの植民地政庁経由で発送されたのであろう。植民地政庁は、日本に発送する前に控えを取り、それを官房長官文書のなかに保存しておいたものと思われる。あるいはひょっとすると、依頼された手紙が発送されないままに、そこに留めおかれていたのかもしれない。日本でオルガやヴェラが受け取ったのかどうか、今となっては確認のしようがないが、少なくともヴェラの遺品のなかからはそのような手紙は出てこなかったようであるし、息子のロビーも、そのような手紙が来たと母から聞いたことは一度もなかったと言っている。

手紙は「愛するオルガ、ヴェラそしてササキへ」としてオランダ語で書かれ、日本の住所はKokubunjishi Honda Icchome 146となっている。グラーヴェ家の子供たちは皆オランダ語教育を受けて育ったから、おそらく読み書きをするにはこの言語が一番よかったのだろう。文面から見ると、どうやらこれ以前にエレナの方は日本から手紙と写真を受け取ったことがあったようで、冒頭に「あなたの写真と手紙を受け取りました」と書いている。残念ながらその手紙は残っていない。それに対する返事として書かれたこのエレナの手紙の内容を、ところどころ紹介してみよう。

七カ月半拘束されていたパパが〔一九四七年〕五月二一日に戻ってきました。元気です。オレッグ〔長男〕といっしょに住んでいます。ママはまだです。〔帰ってくるのが〕いつになるのかわかりません。彼女が家に帰ってきたら、すぐ私たちはそちら〔日本〕へ行こうと思っています。彼女は元気です。ただ自由が束縛されています。

子供たちは元気です。リリー〔四女〕は〔小学校〕六年生、コラ〔次男〕は行儀が悪くてHBSから追い出されMULO〔インドネシア人を対象とするオランダ語の中学校〕で勉強しています。キラ〔三男〕はHBS、シュラ〔四男〕は〔小学校〕七年生で、八月にHBSに入ります。オレッグは、以前はタイピストで〔給料は〕四〇ギルダーでしたが、今は五〇〇ギルダーという良い給料で働いています。彼は七月にスースと結婚する予定です。彼もあなた方に手紙を書くと言っています。

私はまだ子供たちの世話をする義務にしばられています。ワロージャ〔五男〕は余りにも腕白で、高い木に登ったり、怠け者でギターを弾いたり歌を歌ったりしています。いったい誰の血を引いたのでしょう？　歌手になりたがっています。彼はカウボーイの歌を歌っています。彼は毎週土曜日映画館へ行きます。彼は今では流暢なオランダ語を話します。

リリーはモラリストです、しかし彼女は男のような振る舞いをしています。三人の男の子はダンスが好きです。シュラは一番かわいらしくて甘やかされています。私のフィアンセが両親に代わっていろいろ経済的援助をしてくれ、彼に自転車を買ってくれました。シュラは「お姉さんそんなに働かなくてもいいよ。僕がやるから」と言って労わってくれます。私はジャワ＝サンフランシスコ汽船会社の秘書として働く予定でした。でもシュラが「働かなくていいよ」と言って、その計画を頓挫させました。

パパとママは正式に離婚の手続きをする予定です……。目下のところすべてのことが私のフィアンセの肩にかかっています。今私はまだ結婚する予定がありません。すべての不安定な状況が解決したら、彼も日本へ行く予定です。これが私たちの約束です。

革命の嵐のなかのバンドゥン

以上の文面から見えてくることは、兄弟姉妹一人一人の様子のほかに、両親が離婚を考えていること、そしてヒデは出獄したら皆で日本へ行こうと考えていたということだ。夫婦の離婚はそれほど驚くことでもなかったようだ。逮捕前も別居していたし、何かとしっくり行っていないことは子供たちも感じていた。ニコライはインドネシアを去りたくないのに対して、ヒデは何とか逃げ出したいと考えていた。そのずれもあったのかもしれない。ただし、ヒデが子供たちを連れて日本へ行こうと考えていたことに関しては、リリーも他の誰もが初耳だと言っている。これ以後、ヒデはあらゆる努力をして国外へ移住しようとしていたことは明らかなので、ともかくインドネシアを出たかったのかもしれない。その一番大きな理由は、インドネシアの独立運動で戦禍が絶えず、どこもかしこも治安が非常に悪くなっていたことであろう。そのことについてエレナは次のように書いている。

あなた方はジャワの状況を知らないでしょうが、一言で言えば、ここは不安定な状況です。住民はお互いのあいだで戦い始めています。スンダ人とジャワ人と。ここから離れたいのです。両者のあいだで衝突が起こる前にどこかへ行きたいです。

ですからオルガとヴェラ、あなた方はアメリカの援助を得て、ママ、ワロージャ、リリー、そして私が日本へ招待されるように手配してください。パパは日本へ行こうと思っていません。

ヒデの出所

ヒデは、一九四八年初めに二年の有罪判決を受けたが、すでに一九四六年末から収監されていたので、おそらくその年月を差し引かれたのであろう、一九四九年一二月にオランダからインドネシアへ主権が委譲(後述)されるより前に出所していたようである。出所すると、そのころ子供たちが住んでいたエルリッヒ(Ehrlich)通り九番地の家に合流した。著名な感染症の研究施設であるパスツール研究所の向かい側にあったこの家は、祖国に引き揚げるオランダ人が捨てていったもので、当時はそれを見つけた知り合いの中国人が住んでおり、一緒に住まわせてくれたのである。左隣にはインドネシア人、右隣にはオランダ人、また近くには華僑の金持ちや、その他の外国人が多く住んでいた。この当時、不動産の所有権はかなり混乱していた。そもそも日本軍が占領したとき、オランダ人の資産はいったん「敵産」としてすべて日本軍に接収された。日本軍が負けたとき、本来ならば当然それらは元の所有者に返還されるべきであったが、その前にインドネシア人が占有してしまい、政府高官の社宅になったケースも多い。だからこのエルリッヒ通りの家のように、所有者があいまいになっていたケースも多いのだ。

エルリッヒ通りの家．現在もほぼ同じ佇まいで残っている(2011年筆者撮影)．

友人たちと欧米式の共同生活をするニコライ．

いっぽう、一足先に出獄したニコライは、子供たちのところに合流せず、バンドゥン市北方のチパガンティ通り一一〇番地に二部屋とキッチンのついた家を借りて、テオさんという華僑の男性とシェアして暮らしていた。夫を亡くしたボディスコ夫人ものちにここに加わることになった。

こうして夫婦は別居状態のままながら、ともかく二人とも自由の身になった。

オランダがインドネシアの独立を承認

その間インドネシア独立戦争は複雑に展開していた。オランダは各地にオランダの傀儡政権を作って間接的に支配しており、バンドゥンを含む西ジャワにはパスンダン王国なるものが作られていた。インドネシアとオランダは武力戦だけでなく、外交ルートでも交渉を続けていたが、最終的には、アメリカや国連の仲介を得て、一九四九年一二月にオランダが正式に主権を委譲することに同意した。膠着状態が長く続くことによって共産主義者が漁夫の利を得るのではないかと心配したアメリカが、オランダに圧力をかけて手を引かせたのであった。一九四九年一〇月に中国で共産党政権が誕生し、アジアでも冷戦構造が明確になってきたことを反映していた。そして、オランダが各地に作っていた傀儡国家とインドネシア共和国とが連邦を形成して、新しい国家を作ることになったのである。

こうして、一九四九年一二月に主権が委譲されて、インドネシアが連邦という形で完全な独立を認められると、グラーヴェ一家にもようやく平和が戻ってきた。思えば一九四一年一二月に「大東亜」戦争が始まって以来、ちょうど八年間も戦争状態が続いたのだった。

5 新生インドネシアの異邦人

ヒデとニコライの離婚

平和の復活のなかで、グラーヴェ一家が直面した最初の問題は、ヒデとニコライの離婚手続きであった。一九四七年五月にエレナが日本の姉妹に送った手紙には、パパとママは離婚を考えていると書かれていたし、ニコライはもうだいぶ前から妻や子供たちとは別居していたので、当然の成り行きだったのかもしれない。二人の不和はいつから始まったのであろうか？　娘のリリーがのちに母から聞いたところによると、ある日ヒデが農園からバンドゥンへ出てくると、先に行っていたニコライがインド・ブランダの女性と一緒にいたのを見つけた。ヒデは大きなショックを受けたが、いさかいはせず、その女性に抗議もせず責めもしなかった。だが、その時から彼女の性格は大きく変わった。それまで日本女性として夫によく仕えていたヒデは、このとき以来「ボス」になり、夫との距離が広がって自分の世界を持つようになったという。家族も祖国も捨てて夫に従い、はるばる数千キロ離れたジャワまでやってきたヒデにとっては、すべてが崩れるような大事件だったのだろう。

ヒデとニコライの離婚手続きは、主権がインドネシアに委譲された直後の一九五〇年一月二〇日にバンドゥンの地方裁判所で決定が下され、三月一八日付でジャカルタで離婚が登録されている。手続きの途中でインドネシアの統治下になり、ヨーロッパ人の民事もインドネシアの法務省が管轄するようになったようで、もはやオランダ語ではなくインドネシア語が公用語となり、公文書はインドネシア語で書かれていた。

実らぬ恋

驚くべきことだが、刑務所から釈放されてエルリッヒ通りに住んでいたころ、ヒデはニコライとの離婚手続きを進めるなかで、オランダ人男性と大恋愛をしていた。その男性は、インドネシアの独立戦争に対応するためにオランダから派遣されていた軍人だった。エルリッヒ通りの家にも訪ねてきたことがあり、リリーも覚えているという。彼は、インドネシアとの戦争が終わるとオランダに帰国しなければならなかった。おそらくつかの間の恋だったのだろう。

ボブというその男性と一緒に写した写真が、大事そうにヒデの遺品のアルバムにしまわれていた。写真の横には、彼が贈ってくれた押し花が挟まっていて、「ジャワに咲きしアジアの赤い恋の花。得ることの出来ぬ恋をした　恋の為一生悲しんだある女性、その悲しさ……」という自筆の書き込みがある。

ずっと後になって、ヒデ自身が、アメリカに行ってから末子ワロージャの妻イングリッドに語った話によれば、その男性は二〇歳も年が離れていたが、相思相愛で毎週金曜日には白いカーネーションを贈ってくれたそうだ。そのうち帰国命令が出て彼はオランダに戻るのだが、出発前に花屋へ行って、帰国後も毎週金曜日にヒデにカーネーションを贈るよう手配した。そういうことがしばらく続いていたが、そのうち手紙も花もこなくなった。それでもヒデは、その後四年間ずっとオランダの彼の住所に宛てて手紙を書き続けていた。そのころに書いたメモであろう。アルバムには「我を残して君はいづこに。自然とほほ笑むわれは一人。君の面影を胸に抱いてわれは永久に眠るなり」などと書かれている。恋人が帰国してしまった後も思い続けていた様子がうかがわれる。

何年も待った挙げ句に、ついに彼の故郷から手紙が来た。しかし筆跡が違っているので恐ろしくて封を開くことができず、代わりにリリーに読んでもらった。それは彼の母からの手紙で、四年前の息子の死を告げるものだった。

リリーの長男クリシュナも、晩年のヒデからその話を聞かされたことを覚えている。「おばあちゃん、この写真は誰?」と聞くと、「私が好きになった人だよ」と言ったという。クリシュナは、「おばあちゃんが孫に恋人のことを話すなんて、なんて不思議なことなんだ」といささか仰天したという。

ヒデとオランダ人の恋人ボブ.

護られたオランダ人の権益

新生インドネシア誕生直後の外国人をめぐる社会の様子はどのようなものだったのであろうか? 主権委譲が実現したからといって、辺りはすっかり平穏になったわけではない。たとえば一九五〇年一月二三日、突然バンドゥンで血みどろの事件が発生した。オランダが引き揚げることに承服しかねたオランダ植民地軍(KNIL)のウェスタリング大尉が、一部の将兵を集めて、「ラトゥ・アディル(正義の女神)軍」と称する部隊を設立し、ジャカルタとバンドゥンで反乱を起こしたのである。KNILには六万五〇〇〇人のインドネシア人兵がおり、そのうち二万六〇〇〇人がインドネシア軍に編制されることになっていたのだが、なお多くの兵士たちが不満を抱えていた。

この日リリーの学校は、ウェスタリングがバンドゥンへ入ったというニュースを受けて休校になっていた。ヒデはそのころホーマン・ホテル近くのブラガ通りにあったバジャライカというロシア料理店を手伝っていて、その日も仕事に出ていた。突然銃撃戦が始まり、あたり一帯が血の海となった。自宅にいたリリーにもその銃声は聞こえた。「きっとママがたいへんだ」と思ったリリーは、ちょうどHBSを卒業してまだぶらぶらしていた兄のキラに頼み、キラが自転車でホーマン・ホテルへ向かった。そこからブラガ通りへ素早く入ってヒデを救出し、無我夢中で自転車をこいでエルリッヒ通りの自宅へ連れ帰った。

その途中キラはあまりにもたくさんのシリワンギ部隊(バンドゥンを管轄するインドネシア国軍)のインドネシア兵の遺体が路上に転がっているのを見て、母親を家に送り届けたのち、再び外へ出て近くのユリアナ病院(現在のハッサン・サディキン病院)の救援部隊を手伝った。救急用トラックの運転手がいなかったため、運転のできたキラが運転を頼まれ、あちこちの遺体を積み上げる作業をした。この事件はまもなくインドネシア政府が事態を収拾し、オランダがウェスタリングをひそかにシンガポールへ逃がしたことによって終結した。その種のことが各地で少しずつ発生していたが、やがてオランダ軍は引き揚げ、少しずつ静寂を取り戻していった。

インドネシアに主権を委譲したとはいえ、オランダの民間人を全員引き揚げさせるというようなラディカルな政策はとられなかった。実はオランダは様々な点で自分たちに有利な条件を認めさせたのであるが、その一つは既存のオランダ人の経済権益をそのまま保証させるというものだった。つまりオランダの企業や農園、鉱山などはすべてそのまま営業を続けてよい、したがってオランダ人経営者や職員も残留してよい、というものだった。見切りをつけてこの時期に帰国を決めた者もいたが、まだ二〇万人を超えるオランダ人が残っていた。また、インドネシアにおいてオランダ政府を代表する公館は「大使館」ではなく、「高等弁務官事務所」というステータスで、諸外国とは区別された。

私たちはなに人?

オランダ政府が主権を委譲して、少なくとも政治的には手を引き、インドネシアという国の管轄下に入った途端、グラーヴェ家の人々はいきなり、自分たちはいったいなに人なのか、どこの国籍を選ぶのか、というアイデンティティーの問題に直面した。ニコライの出身国帝政ロシアはもはや存在せず、ずっと以前からソヴィエト連邦に代わっていたのであるが、オランダ政府は一九四二年までこの政権を認めず、正式な外交関係を樹立していなかった。しかし、インドネシア政府はオランダからの主権委譲後まもなくソ連を承認した。ニコライはソヴィエト政府を認めていないから、いわゆる無国籍者として登録された。ヒデも夫に従って法的には無国籍だったのだろう。そして日本との国交も樹立されていない状況下では、おそらく離婚後も、日本国籍復活などの手続きは取っていなかったものと思われる。つまり引き続き「無国籍」状態のままでいたのではないか。

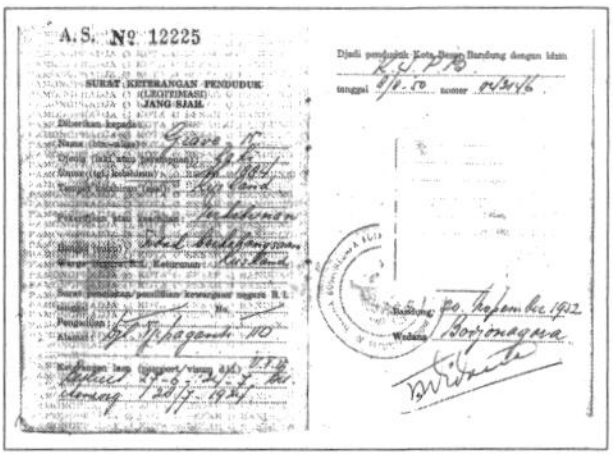

インドネシア政府から1952年に発行されたニコライの居住許可証.

ニコライはその後一九六五年に没するまで無国籍を通し、毎年インドネシア当局（警察）で手続きをして、外国人としての居住許可を更新していた。一九五二年の居住許可証を見ると、「民族」という欄は、“tidak berkebangsaan”つまり「民族を持たない」という奇妙な表現が使われており、また“keturunan（先祖）”という欄には“Rusland（ロシア）”と書かれている。残念ながらヒデの書類は残っていない。

グラーヴェ家の九人の子供たちは全員、オランダ領東インドの領土内で生まれているから、オランダの臣民権を認められており、オランダ国籍を申請する権利があった。後述するように、日本にいるオルガとヴェラが、一九四七年ごろにインドネシアへ戻りたいと、オランダ国籍を申請した際には、彼女たちのオランダ臣民権は否定された。「彼女たちが誕生したとき両親が永住権を取って正式に居住していなかったから」というのが理由であったが、どうもそれはこじつけで、ニコライは正規の居住許可を取っていた。実は、戦争中日本軍に協力したという政治的な理由の方が大きかったようだ。その後、インドネシアにいる子供たちは全員がオランダ国籍を申請することになり、オランダ高等弁務官事務所に申請して受理された。しかし、ヒデにはそれは不可能だった。

オランダ国籍を取得した子供たち

長男オレッグは早くも一九四七年にスースという名のインド・ブランダの女性と結婚し、一九四八年にヒデにとっては最初の孫である長男ペーテルが生まれた。その後一家はジャカルタに移り、オランダ国籍のもとでこれまで通り所有権を保証されて、建築請負関係の事業を展開していた。

また、両親が獄中にいたあいだ弟妹の世話をしていたエレナも、一九四九年一月には同じくインド・ブランダの男性と結婚し、彼女もまたジャカルタへ移っていった。そして二人の子供に恵まれた。日本にいる姉妹宛ての一九四七年の手紙で「フィアンセ」という言葉が使われているのが、おそらくその人物であろう。

次男のコラもインド・ブランダの女性と結婚して一児をもうけ、ジャワ島の西端、バンテン州ランカスビトンの農園で職を得て移っていった。

三男のキラは、HBSを卒業したばかりだったが、オランダ空軍に入り、オランダ領ニューギニア勤務となった。実は、インドネシアへの主権委譲後も、かつてのオランダ領東インドの領土のうち西部ニューギニア(現在のイリアン・ジャヤ。以下本書では「西イリアン」という当時のインドネシアでの呼称を使う)だけは引き続きオランダが領有することになっていたのであった。ちょうど日本がサンフランシスコ講和会議のあと、本土は米軍の占領から独立したが、沖縄は米軍の施政下に置かれたのと似たような状況であった。同じ旧オランダ領東インドの領土内とはいえ、バンドゥンから三二〇〇キロも離れた遠い地域である。日本軍との激戦地だったニューギニアには、そのころまだ旧日本軍の兵士が残っていたそうで、そういう人が見つかるたびにキラは呼び出されて、日本語で戦争が終わったことを諭す役割を果たしたそうだ。

四男のシュラ、五男のワロージャ、末娘のリリーは、いずれもまだ一〇代だったから、学業の途中

オレッグ一家とジャカルタで．後列左からオレッグ，スース，ベアトリース，ヒデ．前列左からペーテル，グレゴリー．

で、ヒデと一緒にエルリッヒ通りの借家に住んでいた。彼らは日本軍の降伏後、独立戦争中は、再びオランダ式に戻った学校で教育を受けていたのであるが、主権委譲によってこれらの学校はインドネシア語教育に移った。それでリリーなどは、もう嫌になって学校をやめてしまった。シュラとワロージャは、オランダ人子弟が行くオランダの学校に移って勉学を続けた。

チカワルの農園は、あくまで国家から土地を借りて運営していたものなので、権利をインドネシア人に売却して経営はやめた。これ以降一家がどうやって家計を維持していたのかはまったくわからない。使用権を手放したときにまとまったお金が入ったのであろうか。それとも長男オレッグをはじめとする子供たちの稼ぎに依存していたのだろうか？

リリー、ミス・インドネシアに

そのようなある日、リリーが突然日本の新聞に登場して、日本に嫁いだオルガやヴェラ、そして旧知の日本人たちをびっくりさせた。一九五三年一一月二四日付読売新聞に、UP発で次のような記事が掲載されたのだ。

インドネシアの映画会社の主催で最近当地で行われた「インドネシアのアウト・ドア・ガー

ル」美人コンテストに参加して一七歳のリリー・グレイヴ《〔ママ〕》嬢が優勝した。彼女は母に日本人、父にロシア人を持ち、インドネシアのパリと呼ばれるバンドンに住んでいる。

これはパラマウント映画社がバーバラ・スタンウィックと共演するアウト・ドア・ガールを選ぶために行った選考会で、インドネシアで初めて行われた実質的な「ミス・インドネシア」コンテストだったと言われる。各都市で予選が行われ、リリーはバンドゥン代表に選ばれた。一三五人がジャカルタでの最終予選に進み、そこでリリーは優勝したのである。皮肉なことにリリーは、オランダ国籍のミス・インドネシアだった。リリーは映画スターとしてデビューするチャンスを与えられたのだが、これは辞退した。

この記事を見てすぐに反応したのがそのころ故郷の高松に帰って警察官をしていた堀江元大佐である。彼はすぐに読売新聞に投稿して、自分はバンドゥン時代にこのお嬢さんを知っていたと名乗り出た。その記事が、ヒデと四人の娘を写した戦争中の写真とともに、一一月二七日付の読売新聞に掲載された。堀江は日本へ来ていたオルガ、ヴェラ姉妹と連絡を取り合っていたようであるから、当然このことは姉たちの耳にも入っただろう。このニュースはどうやら日本各地で報道されたらしい。仙台の河北新報もこれを報じ(一九五四年七月一一日)、それを読んだ福島県在住の松浦勇四郎という医者が「その人を知ってい

ミス・インドネシアの応募写真(リリー).

いずみ

▽…〝十七歳の日ソ混血娘がインドネシア映画王国の美人コンテストに優勝〟という去る二十四日付読売新聞の海外短波欄にのった写真をみて「百合ちゃん、大きくなったなあ…」と老の目をうるませたのが高松市楠上町市営アパート内堀江三寛喜さん(五九)という元陸軍部隊長。

堀江さん

▽…父をソ連人、母を日本人にもつこの美少女、百合ちゃんことリリー・グレイヴさん一家は戦時中ジャワへ亡命してバンドン市外に農場を経営しているとき、ここへ赴任してきた堀江さん(当時中佐)と会ったが、実父グ氏とは堀江氏がシベリア事変に出征した中尉時代に知り合った仲で二十数年ぶりのめぐりあいだった。百合ちゃんは毎夜堀江さんの宿舎で泊るほどなついていたという。

▽…別れたのは昭和十七年『あのころは暴れん坊で〝密林の女王〟だなんてからかいましたがね……』まさかこんな美人になるとは』と堀江さん、流れる年月にいまさらの面持ち。

【写真はリリーちゃん一家、前列左端がリリーちゃん、中央が母秀子さん＝高松発】

堀江が投稿した読売新聞の記事.

ますよ！」と新聞社に知らせてきた。彼もまた堀江のように、戦争中軍人としてバンドゥンに駐屯し、グラーヴェ一家、特にヒデに世話になった一人だったようである。インドネシアとの往来はほとんどなく、またニュースもほとんど伝わってこなかったこのころ、インドネシア帰りの軍人や軍属のなかに、この記事を読んで当時を懐かしく思い出す人は多かったのであろう。

ところで、読売新聞の記事はUPという外国の通信社を経由しての報道であったが、河北新報はそのニュースが「ジャカルタから高倉本社特派員によって」伝えられたと記している。そのころ地方紙がジャカルタに特派員を送り込んでいたというのは驚きであるが、その記事はヒデを札幌出身と書いたり、ニコライがかつて帝政ロシアの駐在武官として日本に住んでいたとするなど、事実関係の間違いが非常に多い。もし高倉某が直接取材したのだとすれば、インタビューに際してヒデがあえてそのような「作り話」をしたことも考えられる。戦前、函館日日新聞の取材を受けたときもそうだったが、ヒデには自分の人生のストーリーを「加筆修正」して、どこかドラマ化する傾向があったようだ。

グラーヴェ家初の「インドネシア人」の誕生

そうこうするうちに、翌一九五四年にそのリリーが結婚することになった。後述するように、オルガはのちに日本で日系アメリカ人と再婚、またヴェラはこのころはまだ日本人男性と婚姻関係を続けていた。その他の兄や姉たちの相手はすべてインド・ブランダ、つまりオランダとインドネシアの混血だった。ところが、リリーのお相手は、シディック・ダヌブラタという純粋なインドネシア人だった。しかもバンドゥンの名士の一族である。彼の父親エノッホは当時西ジャワの警察長官で、スカルノ大統領の盟友。母親もオランダ植民地時代スカルノとともに独立運動を闘った同志で、しかものちの首相ジュアンダ夫人の妹であった。

ヒデが毎週のように参加していたホーマン・ホテルでの舞踏会にリリーもついて行って、そこでシディックが彼女を見初めたのだった。ヒデは社交ダンスが好きで、オランダ文化をそのままとどめた格式高いホーマン・ホテルのボールルームで毎週のように開催される舞踏会に出席していたのである。インドネシアは独立したとはいえ、まだそのようなオランダ人の社交の世界が残っていた。シディックもその場にいたということは、彼もまたそのような華やかな世界に足場を置く「人種」だったということである。

スカルノに同行して訪日したエノッホ(右端). 1962年.

ヒデは初めこの結婚に反対だった。イスラーム教徒は、複数の妻を持つことが許されているので、娘が不幸になると考えたのである。しかし兄のコラがひそかに彼女たちのデートを手助けしていた。二人の愛は膨らんでいき、結局はゴールインした。グラー

ダヌブラタ邸.

ヴェ家の九人の子供のうち、唯一インドネシア人と結婚し、インドネシア国籍を取り、イスラームに改宗し、この地に残った娘だった。

しかし頑固なヒデは、最後までこの結婚には不賛成で、そのため結局華やかな華燭の典は行われなかった。リリーに言わせると、「ママは闘いに負けたのだからね。だから祝福してくれなかったの」ということだった。

二人は結婚当初三年ほど、バンドゥンの最高級住宅街ダゴ通りのシディックの実家に同居したが、もともと名門の家系であったことに加え、すでにビジネスに従事していて財力を持っていたシディックは、やがて新居として、もう一つの高級住宅街スティアブディ通りに三区画分の大きな土地を使ったオランダ人所有の大邸宅を購入した。金持ちはやたら金持ちであるインドネシアにおいても、めったにないほどの豪邸で、道路に面したゲートから家の入口まで坂道を車でのぼっていかねばならない。イスラームのことはあったにせよ、ヒデの高級好みやお洒落欲を満たすには十分な家であった。リリーは今もこの豪邸に住んでいて、私との何度にもわたるインタビューはここで行われた。

優雅な生活

ヒデは、エルリッヒ通りに住んで、しばらくは平和な日々が続いた。リリーの記憶によると、このころのヒデはとにかく美しく、いつでも優雅さを失わなかった。そしてその立ち居振る舞いも華やかだった。バンドゥンの銀座ともいうべきブラガ通りのテーラーで最新の洋服を仕立て、またブラガ通りのコンキューレンという名の宝石屋のお得意さんだった。お洒落で、いつもファッショナブルなものを身につけていた。同じくブラガ通りの骨董屋や画廊にも出入りしていた。たいていベチャという自転車で走る三輪タクシーに乗って、一人で出かけて行ったという。そしてたくさんの写真をブラガ通りの華僑の写真館で写している。いずれも目を見張るような美しさだ(第Ⅱ部扉参照)。

エルリッヒ通りのヒデ宅で開催されたパーティー．中央に座っている老紳士がニコライ．その真後ろがピート・ドゥ・ラード，左後ろがボディスコ夫人．ニコライの前に座る女性もロシア系の友人．前列左端2人の子供に挟まれているのがエレナ，後列右から3人目がシュラ，1人おいてヒデ．1953–54年ころと推定される．

ヒデの家は、インドネシアの上流階級や、ヨーロッパ系の人たちの社交の中心だったらしい。一九五三―五四年ころ、エルリッヒ通りの自宅で何かの大きなパーティーを開催した時に写したらしい写真には多くの名士が集い、すでに離婚していたニコライとそのロシア人の友人ボディスコ夫人、のちにヴェラが日本からアメリカへの移住のためにペーパー結婚することになるピート・ドゥ・ラードなども写っている。またおそらくその時に写したと思われる、

別れた後も屈託のないヒデとニコライ．

ニコライとヒデが楽しそうに談笑している写真が残っている。ヒデは、離婚した夫と隣り合わせているとは思えないような明るい表情である。

どこから収入を得ていたのかわからないが、ヒデと子供たちの生活は相変わらず優雅で、家では日々の食事は、ヒデが指揮して二人のお手伝いさんが作っていた。基本的に昼はインドネシア料理、夕食はヨーロッパ式の料理が多かったとワロージャは記憶している。まだ多くのオランダ人が残っていたおかげで、オランダ資本の食品製造会社があって、パンやチーズ、牛乳などの乳製品を手に入れることは難しくなかった。

未婚の二人の息子、シュラとワロージャは、ヒデと一緒に住んで、その当時はまだ残っていたオランダ系の学校に通っていた。昔オランダ人が開発したバンドゥンの北部は、ヨーロッパ的なたたずまいを残していて、中心部を南北に走る緑深い並木道、ダゴ通りを上り詰めたところには、公園とダゴ・ティー・フイスという昔ながらの格式を残した喫茶室があった。風光明媚なバンドゥン一帯を一望にするこのあたりは、母ヒデもしばしば散策した。その近くにはプールがあって、ワロージャたちはそこで泳ぐのが楽しみだった。かつてはほとんどオランダ人に独占されていたこの地域に、そのころにはインドネシアの上流階級や、高級官吏たちも多く住み着いて、オランダ人は少数派となり、それが昔と違う点であった。

だが、そのような華やかさの追求は、すべて不安の表れだったのかもしれない。オランダ時代は、グラーヴェ家の人々は「ヨーロッパ人」ということで、この国の主《あるじ》であったオランダ人と同じグループに組み込まれていたのに、新たに誕生したインドネシアという国にあっては、むしろ「植民地主義者」に与する人たちと見られた。この地で生を受けたヒデの子供たちでさえ、もはや滞在許可を更新し続けなければならない異邦人なのだ。インドネシア人と結婚したリリーの地位だけが唯一安泰だった。おそらくグラーヴェ家の頼みの綱は、オランダの植民地支配に抵抗し闘ってきたダヌブラタ一族、リリーの夫となったシディックと西ジャワの警察長官を務めていたその父エノッホだったであろう。今やインドネシアの主はインドネシア人なのだということを、グラーヴェ家の人々は実感させられた。この当然のことが、オランダの庇護のもとで暮らしていた時期にはまったく意識できなかったのである。

まだ遠い国日本

バンドゥンからは三二〇〇キロも離れた西イリアンへ行ったキラ、日本へ行ってしまったオルガとヴェラのこともヒデは気がかりだった。どちらも「外国」で、心理的にも遠い国だった。電話もめったに通じず、何日かかって届くかわからない郵便だけが唯一の通信手段であった。その時期日本は、サンフランシスコ講和会議(一九五一年九月)で、米軍による占領にもようやく終止符が打たれ、多くの国々と国交を再開して国際社会へ復帰したが、インドネシアとのあいだにはそれがなされなかったのである。インドネシアも会議に招待されて平和条約に調印したが、議会がそれを批准しなかったからだった。サンフランシスコ講和会議は、共産圏を排除して西側諸国および中立国だけを集めて開催したものであるから、非同盟中立を旗印にするインドネシアとしては認めがたい、というのが理由であった。だからインドネシアは別個に日本との国交樹立の道を模索することになり、戦争で与えた被害に対する賠償の取り決めが両国間で成立するまで、それはお預けになった。だから日本との距離は少しも近くなってはおらず、そのために戦前のように日本人がここを訪れることも、ましてやここに住み着くこともなかった。

この時期、純粋な日本人でバンドゥンに住んでいたのは、ヒデ以外には、終戦後日本への帰国を拒否して収容所から逃亡し、非合法にこの国に残った人たちである。残留日本兵と総称されるこの元日本兵の多くは、インドネシア独立軍に参加することによって生き延び、その後もインドネシア人や中国系の女性と結婚してインドネシアに住み着いていた。バンドゥンにもそのような残留日本兵が少なくとも数人はいたのであるが、

ホーマン・ホテルで日本人ビジネスマンと会食するヒデ.

ヒデはまったく接点を持たなかった。

しかし国交はなくても、時折特別なルートでビジネス・チャンスを求めてインドネシア入りする日本の経済界の重鎮たちはいたようで、ビジネスマンであったリリーの夫シディックを通じて、ヒデも彼らとの会食などに出席していたらしい。

コラの事故死

そのような平穏な日々がしばらく続いたある日、一家に突然の悲報が舞い込んできた。ジャワの西端ランカスビトゥンの農園で働いていたコラが、猟銃の暴発事故で死亡したというのだ。一九五六年

二月のことである。コラは昔から銃が好きで、その農園にあった二丁の猟銃を使ってよく狩りをしていた。ある日横倒しになった丸太の上に立っていたところ、ぐらっと揺れてバランスを崩し、持っていた銃を杖代わりに地面に突き付けて身体を支えようとして、銃が暴発したのだ。知らせを受けてヒデをはじめ兄弟たちはただちに駆けつけた。コラはインド・ブランダの女性とすでに結婚しており、彼女とのあいだに生まれた娘ディアナはまだ四カ月だった。遺体はランカスビトゥンからバンドゥンまで八三キロの道のりを運ばれて、バンドゥンに葬った。しかしその長い道のりを耐えるだけの手当をしていなかったので腐敗が進み、棺を開けたとき、ひどい悪臭で皆が卒倒しそうになった。

「そんなバカなことないわよ！　殺されたんじゃないの？」

ランカスビトゥンのコラの事故現場を訪れたグラーヴェ一家.

生前のコラ．右はリリーとヒデ.

ヒデは事態を受け入れることはできず、事件から二週間経ってコラの妻ベアトリース、オレッグ、シュラ、ワロージャを連れて、現場まで再び詳しく調べに行った。あまりのショックに、当時まだ黒々としていたヒデの頭髪は真っ白になってしまった。リリーは長男クリシュナを産んでまもなくだったが、突然母乳が出なくなってしまった。ヒデとニコライがジャワの地を踏んで

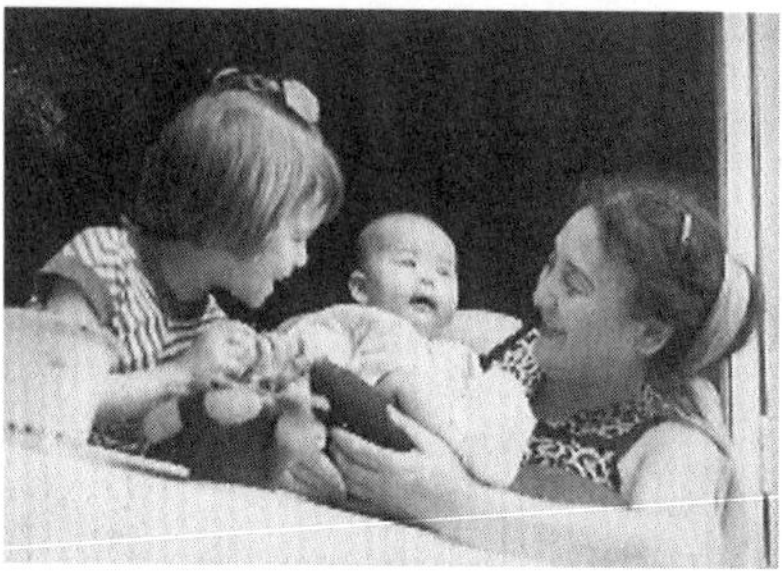

生後4カ月のディアナを抱くヒデとイヴォンヌ.

オレッグの双子の娘とベビー・シッター.

から初めて失う家族だった。

このような辛いことがあったが、ヒデにとっての慰めは、いつの間にか孫たちに囲まれるようになったことであった。すでに結婚してジャカルタに住んでいたオレッグのところには、長男ペーテルと次男グレゴリー、双子の娘ナターシャとタチアーナの四人の孫がいた。エレナも一九四九年に息子のルイを、次いで一九五一年には娘のイヴォンヌを出産している。エレナはその後一九五五年に離婚し、二人の子供を連れてバンドゥンへ戻り、ヒデの近くに住んでほぼ毎日顔を合わせる生活が続いていた。また不慮の事故で死んだコラも、前述のようにディアナという娘を残していた。一九五五年末にはリリーも長男クリシュナを出産した。遠く日本でも、オルガとヴェラがそれぞれ男の子を産んでいた。まだまだ美貌を誇っていたヒデであるが、すでに一〇人の孫に恵まれていたのである。

6 オランダ、そしてアメリカへ

アジア・アフリカ会議と反オランダ気運の高まり

外国人としてインドネシアに住むグラーヴェ一家が感じていた不安は、まもなく形をとって現れてきた。インドネシアに主権が委譲されたのちも、オランダ人の経済活動や居住はそれまでどおり許されてきたのであるが、それでもこの国の主《あるじ》として人生を謳歌することができた戦前とは違って、少しずつ息苦しさを感じるようになっていた。そして毎年のように帰国するオランダ人が続出していた。オランダの記録によると、インドネシアに主権を委譲する前は二六万六〇〇〇人いたオランダ人人口のうち、一九五〇年に五万五九〇〇人、一九五一年に三万三〇〇〇人、一九五二年に一万六二〇〇人、一九五三年に一万四二〇〇人、一九五四年に一万七四〇〇人が引き揚げ、当初の約半分(一三万二〇〇〇人)になっていた。

その息苦しさは、一九五五年、スカルノ大統領が中心となってバンドゥンでアジア・アフリカ会議を開催したころからいっそう顕著なものになっていった。これは戦後次々と独立や建国を達成しつつあったアジアやアフリカの諸国が、第三世界として初めてまとまって声を上げ、自分たちだけで集った記念すべき国際会議であった。つい先ごろまで植民地であったが、ようやく独立したばかりの国々が中心になって、欧米の助けを借りないで独自に大きな国際会議を開催し、横の連帯を築き上げたというのはたいへんなことだった。スカルノのほか、インドのネルー、パキスタンのアユブ・カーン、中国の周恩来、エジプトのナセルなど錚々たるアジア・アフリカの指導者たちが中心となり、ヒデたちの住むバンドゥンで二九カ国の代表を集めて開催された。日米同盟により西側の陣営に組み込まれている日本は、皮肉にもアジアの一員として招待され、政府首脳は参加しなかったが、高碕達之助を団長とする代表団が出席した。

この会議で彼らが提示した一つの大きな主張は、新植民地主義への抵抗である。それは、旧宗主国は政治的には主権を委譲して手を引いたが、経済的にはまだ元の植民地をコントロールしており、それは新しい形の植民地主義だというものである。

アジア・アフリカ会議の行事に参列するダヌブラタ夫妻(左端).

リリーもバンドゥンの名士であったシディックとともにこの会議のレセプションに招かれた。しかしリリーを除けばグラーヴェ家の子供たちは皆オランダ国籍を選択し、インド・ブランダ、つまり植民地宗主国の落とし子たちと結婚している。インドネシアでは「異邦人」に過ぎない彼らにとっては、このようなインドネシア・ナショナリズムの高揚は大きな不安材料であり、これ以後、居心地の悪さはいっそう増していったのだった。

一般に世界各地の植民地の独立に際して、混血の人たちがどちらについたかは、地域によって異なる。中南米では、スペイン系の移民たちが中心になって本国スペインからの独立を勝ち取った。だから独立後も彼らには国を先住民に明け渡して去る、などという選択肢はありえなかった。しかし、インドネシアの独立運動の主体は「原住民」と呼ばれた純粋なインドネシア人たちである。インド・ブランダのなかにも一部それに同調する人はいたが、非常に例外的だった。多くのインド・ブランダは政治に無頓着な現状維持派で、支配階級の一部としていつまで自分たちがこの国で生き続けられるかが最大の関心事だった。とはいえ、彼らの多くは先祖代々この地に住んでおり、オランダへは行ったこともなく、ここが祖国だと信じている人たちがほとんどなのだった。

しかし、インドネシアに完全に主権が委譲されたとき、彼らがインドネシア国籍を取得するという選択肢はそう簡単には与えられなかった。華僑や印僑、アラブ人には与えられたにもかかわらず、である。だからあくまでオランダ人として、つまり外国人として生活し、政治動向によって居住が許されなくなれば、引き揚げねばならないのであった。グラーヴェ一家がアジア・アフリカ会議のころ、どこまでそういう可能性を意識していたかはわからない。でも何か不安、少なくとも居心地の悪さを感じていたに違いない。独立前からスカルノの同志であったナショナリストの息子と結婚したリリーは、その二つの立場のはざまにあってさぞ複雑な思いを抱いたことだろう。何か大きな、個々人の力では及ばない国家という壁に阻まれ、望まぬ方向へ流されていく人間の哀れさや頼りなさをグラーヴェ一家はみな実感していた。

「オランダ人は出て行け」という雰囲気が強まるなかで、グラーヴェ家で最初にオランダへの移住を決めたのは四男のシュラで、一九五六年のことであった。彼は兵役でオランダ軍に勤務していたが、その期日が明けてからも正規の軍人となって軍に残るよう求められ、正規の軍人となってオランダに移住することになったのだった。オランダ国籍を持っているから、移住は祖国への「帰還」という扱いで簡単だったし、そもそも学校の友人たちの多くは、当然のことのようにオランダへ引き揚げて行った。

次いで末子のワロージャが一九五七年二月にオランダへ向かった。ワロージャはまだ中学（MULO）在学中だったが、非常に腕白で、ジャカルタの兄の家に預けられたりしたものの少しも改善されず、ヒデを困らせていた。そこで、手を焼いたヒデがオランダへ行かせたのだという。おそらくヒデはこのとき、自分もやがて後を追うことを考えていたに違いない。ワロージャはオランダでは寮に入ってハーグの中学に通い、卒業してからはアムステルダムで、ショーウィンドウの飾りつけを専門学校で学んだ。

オランダ資産の国有化とオランダ人の引き揚げ

そのような矢先、一九五七年一二月四日、有無を言わせずオランダ人の引き揚げ（「エヴァキュアシー」と呼ばれた）が求められるような事態が発生した。この日の朝、インドネシアにあったオランダ系企業では、示し合わせたようにいっせいにインドネシア人職員が座り込みを行って占拠し、オランダ人職員の入構を阻止するという事態が起こったのである。インドネシア史のなかで「オランダ資産の国有化」と言われている事件で、おそらく大統領以下の意思に基づいて、オランダとの関係悪化を覚悟のうえで断行されたものであった。

この座り込みののち、一二月五日には、インドネシア政府はスラバヤ、バンドゥン、メダンにあるオランダ総領事館やマカッサル、パレンバンの領事館およびジャカルタにあるオランダの文化、軍事、情報機関を閉鎖する命令を出した。また、職業を持たないすべてのオランダ国籍者の国外退去を命令するとともに、オランダ人所有の農園や金融機関を暫定的に各地方の軍司令官の管轄下に、またすべての資金や有価証券はインドネシア中央銀行の管轄下に置くと決めた。ここに至ってオランダ人たちの引き揚げが一斉に開始された。

のちにヒデの末子ワロージャの妻となるインド・ブランダのイングリッドの父は、スラバヤに縫製工場を持っていたが、やはりインドネシアに接収された。しかし彼女の父はそういうことを予期して、少しずつ資産の整理を始め、オランダの銀行に送金していたため、最悪の事態は避けられた。しかし蓄えの無かった多くのオランダ人は無一文になったと回顧している。

ジャカルタの自宅でくつろぐオレッグ夫妻と4人の子供.

前述のように長男オレッグは、インド・ブランダの女性と結婚し、四人の子供を得てジャカルタで優雅に暮らしていた。職員を三〇―四〇人ほど雇って自分で建築請負会社を経営し、大手のバタヴィア石油会社(Bataafse Petroleum Maatschappij B. P. M.)などとも契約して、その職員の別荘建築などを請け負って事業は順調だった。しかし、スカルノ政権の民族主義的な政策が進むに従って、注文も減り、またインドネシア人職員とのあいだに軋轢が頻繁に発生するようになってきていた。そこで嫌気がさして、インドネシアによる資産接収前からすでにオランダへの移住を考え始めていた。オレッグには障害を持つ男の子がいた。妊娠中の母親が自動車事故に遭ったときの後遺症だということだったが、オランダでは障害児に対する手当も篤く、彼の将来のためにもオランダ行きはよいことだと考えた。とりわけオランダとインドネシアの混血であったオレッグの妻は、その両親もオランダへ引き揚げることにしたため、将来が不安定なインドネシアでの生活よりもオランダへの帰還を望んだ。オレッグは、接収される前になんとか資産を売却し、引き揚げを決意していた。二人の弟はすでにオランダに渡っているし、もう潮時ではあったが、あとはどうやってオランダ国籍のない母親ヒデを連れて行くかであった。

ヒデも実は、インドネシアの地にいても、もう未来がないと感じていた。彼女にとってはチカワルの農園がすべてであったのかもしれず、また、オランダ人軍人との「実らぬ恋」のゆえ、何とか彼の祖国オランダへ行きたいという気持ちがあったのかもしれない。ただ、無国籍のヒデにとって、オランダへの移住はそうたやすいものではなかった。何とか方法はないかと探ってはいたが、なかなかむずかしかった。

オランダ人男性と偽装結婚

そこでヒデはある計画を考えた。引き揚げ予定のオランダ人男性のなかから独身者を探して結婚してもらうというのである。オレッグの助けを得てさっそく人探しを始めた。相手は意外と身近なところにいた。カール・ルドルフ・サウエルというオレッグの会社の若いオランダ人職員が、帰国したいが旅費もなく困っていた。オレッグの会社のように小さな企業が閉鎖した場合、おそらくオランダ人職員に十分な退職金を支払う余裕はなかったのだろう。帰国できない部下を助けるために、そして一緒にオランダへ行きたいという母親の希望をかなえるために、オレッグは、母と結婚してくれれば旅費は自分が出すと話を持ち掛けた。いったんオランダへ行ったら籍を抜くことを条件に、まだ年若いサウエルは、この五六歳の中年女性との結婚を受け入れたのである。ヒデは一九五八年二月一一日、ジャカルタでサウエルとの婚姻届を提出している。

オランダ出発前に撮影されたと思われるニコライ夫妻と2人の娘．前列ニコライ，後列左からリリー，ヒデ，エレナ．その時までにインドネシア在住の家族はこれだけになっていた．

こうして婚姻によってオランダ国籍を取得し、入国許可を得たヒデは、長男オレッグの家族とともにオランダへ移住することを決意した。オレッグはニコライに「パパも一緒に行こう」と誘ったのだが、彼はインドネシアを離れることを拒んだ。出発前のお別れには来てくれた。離婚したとはいえ、三七年前にいっしょに函館を出てからの思い出が次々と湧き上がってきてヒデは言葉にならなかった。すでに七〇歳を過ぎ、健康も害していたニコライとは、おそらく今生の別れとなるだろう。そう思うと、ヒデにとっては、これまでの不満や怒りも忘れて感慨深いものがあった。ニコライの方はもっと心細かったであろう。一人また一人と子供たちがインドネシアを離れ、エレナとリリーだけになってしまったのだから。

ヒデはエレナやリリーの一家に見送られて、オレッグ一家と合流するためにジャカルタへ向かった。そしてオレッグの妻と四人の子供——障害を持って生まれたペーテルと、弟のグレゴリー、そして双子の小さな女の子——と一緒にジャカルタのタンジュンプリオク港からオラニエ号でインドネシアを離れたのである。明確な日付は分からないが、おそらく一九五八年のことと思われる。戸籍上の夫も一緒の船に乗っていたのであろうが、リリーの記憶にまったく残っていないほど、その存在感はなかった。

オレッグは船上で、オラニエ号の写真のついた絵葉書を使ってバンドゥンのリリー一家宛に次のような便りを書いて、シンガポールに立ち寄ったとき投函した。

船旅はスムースで、食事もおいしかった。双子の娘はぐずっていたがグレゴリーは耐えていた。ママは旅を楽しんでいる。リリー、お前は力強く生きてくれ。私たちはきっとまたどこかで会える……。

持って行けるお金の額は制限されていたのだが、コネがあるとうまくすり抜けることができたらしく、そのときオレッグは、インドネシア人に頼み込んで船にお金を持ち込むことを助けてもらった。その葉書では「うまくいったよ、カスリさんとタリさんにお礼を言っておくれ」という報告もされている。

ヒデにとっては、若き日に日本を捨て、いまここに四〇年近くを過ごしたインドネシアを捨て、三度目の新天地を求めての旅立ちだった。

オランダの対応

このころオランダは、毎月のように大量に引き揚げてくるオランダ人の受け入れを、国を挙げて行っていた。引揚者の名簿やその他の細かな記録が、オランダ東部の町アーネムにあるブロンベーク博物館に収蔵されている。この博物館は、もともとは蘭印軍（KNIL）に従軍していた兵士の帰国後、彼らを支援するために作られたものであるが、一九五〇年代には引揚者の援護に当たった。オランダ社会になかなか完全には溶け込めなかったインド・ブランダの引揚者たちが思い出を分かち合う場として、現在でも機能している。

オランダへ着いたヒデは、アムステルダムにオレッグ一家と一緒に住み、先に行っていたシュラやワロージャとも再会した。ヒデは一九五九年五月にアムステルダムで離婚届を提出し、再び「ミワ」に戻ったが、オランダ国籍は保持し、これ以後死ぬまでオランダのパスポートを持ち続けた。慣れない国で外出することもなく、もっぱらオレッグの四人の子供たちの世話をして過ごした。シュラやワロージャもそう遠くないところに住んでいた。

ヒデがアムステルダムでオレッグ一家と一緒に住んでいた家．左からキラの息子アーシャとそのフィアンセ（当時），オレッグの長男ペーテル（2010年筆者撮影）．

離婚してジャカルタからバンドゥンに戻っていた次女のエレナが、オランダで小学校教育を受けさせるため、このころ、インド・ブランダの前夫との間に生まれた長男のルイを連れてアムステルダムへやってきた。しかし移住したのではなく、息子を母親とオレッグが住む家のほんの目と鼻の先に住む知人の家に預け、自分はまたバンドゥンへ戻って行った。

オランダでは、一九五六年にＡＯＷ（Algemene Ouderdomswet）という高齢者向け年金支給に関する法律が制定され、一時期でもオランダに居住した国民にはこの年金が政府から支給された。オランダ国籍を手に入れていたヒデもこの受給の対象になった。かくして生活費の心配はなかったし、子供たちもそれなりにまともな生活をしていて、ヒデにとっては何ら不安はなかったはずであったが、なぜかオランダでの生活はしっくりこなかった。どうやらオランダは、ヒデにとって終の棲家ではなかったようである。

実は、オランダへ「エヴァキュアシー」したものの、居心地の悪さを経験していた引揚者はたくさんいた。特にインド・ブランダと呼ばれる混血の人たちはそうであった。オランダへの「帰国」は決して祖国への帰郷ではなかった。彼らはピーナッツと呼ばれて差別を受けた。「中身のナッツはオランダ的なのだが、外側の皮の色が違う」という意味だという。そして、流暢なオランダ語を話すと、「まあ、なんて上手なオランダ語を話すんでしょう」とことさら驚いた顔をされることもしばしばだった。

アメリカへの再移住

オランダ生活はわずか二年ほどで切り上げ、一九六〇年三月にヒデは、末子のワロージャとともにアメリカへ移住することを決めた。グラーヴェ家では、すでにシュラが軍を退役して友人とともにカリフォルニアに職を得て移住していた。そのころは、アメリカという国への憧れが誰にでも強くあり、機会さえ得られれば移民を考える人が多かったのだとワロージャは言う。ちょうどそのころ、アイゼンハワー大統領がインドネシアからの引揚者に特別の移民枠を割り当てて、受け入れてくれたことが移住を促進した。第一回目はロサンジェルス地区に、第二回目はサンフランシスコ地区に受け入れるということであった。ただ、そのためには身元保証人が必要であったのだが、すでに渡米していたシュラが保証人になってくれた。またアメリカにあった白系ロシア人亡命者を援助する財団が、彼らのグリーン・カード取得をサポートしてくれたという。しかし、オレッグの家族は障害児がいるため移民の許可が出なかった。ヒデとワロージャは、一九六〇年三月に移民局から許可を得て、ニューヨークに向かった。

祖母とワロージャやシュラがアメリカへ去ったあと、エレナの長男ルイは、しばらくオレッグ一家のいるアムステルダムに住み続けたが、やがて母のエレナがイタリア人と再婚して、一九六〇年末にイタリアへ引き揚げてきたので、彼もそこに合流した。イタリアへ出発する日、アムステルダム駅までオレッグに見送られ、国際列車でベルギー、フランス経由でイタリアに向かった。

ニューヨークへ着いたヒデとワロージャは、そこからカリフォルニアへ行き、二人でシュラの家に転がり込んだ。オランダでショーウィンドウの飾りつけの専門学校で学んでいたワロージャは、シアーズ・デパートで職を得た。そして、オランダ時代に婚約していたインド・ブランダの女性イングリッドを呼び寄せて結婚した。実はこの結婚は困難が多かった。ワロージャはオランダの、インドネシアからの引揚者たちが集まる社交クラブで、イングリッドと出会って恋に落ちたのであるが、彼女の両親は、ワロージャに日本の血が流れているということから二人の結婚に強く反対した。オランダ系の人たちのあいだでは、一般的に反日感情が強かった。戦争中収容所に入れられて辛酸をなめたのみ

カリフォルニア時代のヒデ.

ならず、自分たちが植民地で築いてきた地位や財産を奪われて、最終的にオランダへ引き揚げざるをえなくなったのは、もとはと言えば日本の占領を機にインドネシアが独立したためだというのである。つまり自分たちの美しき祖国東インドと、そこでの優雅な生活を奪ったのは日本だと考えているのである。その反感は純粋なオランダ人だけでなく、混血の人たちのあいだでも強かった。

そこで二人は、「じゃあ子供を作ってしまおう」と、既成事実を作ることを考えた。イングリッドは見事妊娠し、ワロージャが一足先にアメリカへ移住したのち、それを追ってやってきた。そして結婚し、ヒデと同居して出産した。シュラもやがて結婚し、ヒデはときにはシュラ、ときにはワロージャの家族とともに住み、還暦近くなってからの新しい生活をスタートさせた。アメリカへ移住してからもオランダ政府から年金が出ていたが、家計を補うために家政婦などの仕事もしたようだ。バンドゥン時代には何人もの使用人を使う立場だったヒデは、生活のためとはいえ、そのような仕事をすることに抵抗はなかったのだろうか? 彼女はもともとあまり家事が得意ではなかったが、料理はよくやったようで、日本料理やインドネシア料理、ときにはロシア料理を作ってくれたと、一緒に住んでいたワロージャは言っている。インドネシア料理の食材は、オランダ人がオランダとインドネシアの食料品を積んでトラックで巡回販売していたので、そこで購入していた。それだけカリフォルニアにはインドネシアからの引揚者が多数いたということなのだろう。バンドゥン時代やオランダ時代と大きく違うのは、日系人の多いカリフォルニアでは、日本の食材が比較的簡単に手に入ることだった。それで、ヒデたちはこれまであまり食べることのなかったすき焼き、照り焼きなどの日本食を日常的に食べるようになったようだ。

公共交通手段の少ないアメリカで、車の運転もできないヒデは、外出時は、ワロージャやその妻に連れて行ってもらっていたのだというが、好きなときに自由に飛び出せない生活には歯がゆさを感じていたであろう。

昔は大農園の農場主、「密林の女王」、日本の占領下ではその祖国の威力のもとで華やかな活躍をしたヒデも、カリフォルニアでは古き良き時代を回顧しながら、孫たちの成長を楽しむ「普通のおばさん」に過ぎなかった。

一男が二〇一一年まで存命だったため、直接話を聞く機会があった。

彼は京都の呉服屋の息子だった。母方の祖父は、髙島屋の創設者の一族であったというから名門だったのであろう。その当時もう呉服は贅沢品としてほとんど売れなくなっていたので、商品は防空壕へ隠し、家族は南禅寺北ノ坊町に家を借りて疎開していた。佐々木はそこへヴェラを連れてひょっこり現れた。今のように携帯電話はおろか固定電話すらほとんど一般家庭には普及していなかった時代だから、それは突然の帰宅だったろう。佐々木の妹で、当時ちょうど二〇歳だったみさこは、兄の突然の出現を、しかも異国の花嫁を連れての帰国を、まったく知らされていなかったから驚いたと回顧している。

ヴェラは初めて佐々木家に行ったとき、小さな座敷から次から次へと人が出てくるので、「まあずいぶんたくさんバブ(女中さん)やジョンゴス(男子の使用人)がいるのね」と思ったら、それは佐々木の兄弟姉妹たちだったのでひどく驚いたそうだ。ヴェラは「外人」らしい顔つきをしているけれど、日本語は十分通じるし、性格はとても日本的だったので、家族は受け入れ、その疎開先の家に一緒に住んだとみさこは言う。

ヴェラも一生懸命溶け込もうと努力をしていたようだ。夫とともに食糧の買い出しにも行った。ヴェラは日本における法的身分が「外国人」であったから、特別な配給を受けることができたし、場合によっては「アライド・リミティッド」などの愛称で呼ばれた連合国軍専用列車にも乗ることができた。一家はしばしば佐々木の父が隠していた呉服を農村へ持って行ってコメと取り換えたのだが、それは許されていない闇米の購入であったから、列車には必ず検問がきた。日本人は必ず持ち物をすべてチェックされたのだが、「外国人」であったヴェラはまったく調べられなかった。こういう特権を生かして、彼女は一家の食生活にも貢献した。

しかし、インドネシアからやってきた花嫁たちのなかで、このように家族に快く受け入れられた例は非常に少ない。結婚手続きの条件として三〇歳未満の者は親の同意を得ることという条件があったにもかかわらず、実際家族がそれに心から同意したケースは少なかったらしい。花嫁によっては、家にさえ入れてもらえず、引き返さなければならなかった者たちもいたという。インド・ブランダの女性たちはそれなりに気位も高く、なかには、ハイヒールで家に上がり、いたるところを踏みつけて「なによ。馬鹿にしないでよ」と怒鳴った女性もいたと聞く。

受け入れてくれる夫の実家がない者たちのためには、土浦の荒川沖の海軍航空隊跡地が住居として提供され、約二〇組の夫婦がここに身を寄せた。それは土浦村からさらに一〇キロ入った人里離れた場所にあり、生活環境は非常に悪いところであったという。日本政府が建物を用意したが、それ以外の手当は出ないので、福祉団体の援助を受けていたということであった。また国際結婚組の親睦団体としてムラティ(インドネシア語でジャスミンの花)会という組織が結成されたという。

そのころ京都には何人かのインドネシアの留学生がいて、ヴェラの存在を耳にして訪ねてきてくれた。戦争中、一九四三年と一九四四年の二回にわたって南方特別留学生と呼ばれる青年たちが日本へやってきて各地の大学で勉強していたが、学業途中で終戦になって、奨学金が打ち切られてしまった。それでも、進駐軍でアルバイトをしたりして、京都大学や同志社大学で学業を続けていた留学生が、京都の北白川の寮に数人住んでいた。その人たちが訪ねてきたのだと思われる。

佐々木は元の職場、つまり鉄道省に復帰したが、米軍のＣＩＣ(Combat Information Center. 情報関係のオフィス)へ出向して、ジープの運転や修理を担当した。

揺れる心――駐日オランダ軍事使節団からプリアンガン州長官への手紙

このように、少なくともヴェラの場合はけっこううまく行っていたようなのであるが、インドネシアの国立文書館に残っている文書のなかには、日本へ到着後まもなくヴェラが離婚を望んでいるという内容の書簡が残されていた。「はじめに」で書いたように、私がこのグラーヴェ一家の存在を知り、その家族史に惹かれるようになった最初のきっかけとなった文書である。当時はオランダが管轄していた行政資料を、オランダが引き揚げたのちインドネシアが引き継いでおり、現在はジャカルタの文書館に保存されている。

オランダ政府を代表する公的な機関としては、オランダ軍事使節団なるものが、東京のＧＨＱ内に一九四六年五月に開設されていた。これは日本占領を担当している米軍司令部と折衝するためのオランダ政府の代表機関であるが、自国民(オランダ人はもちろんのこと、「植民地」インドネシアに居住するすべてのオランダ臣民)の保護をも担当した。日本に住むオランダやオランダ領東インド関係者にとっては領事館のような役割を果たしており、東京の本部の他に神戸にも支部が置かれていた。

このオランダ軍事使節団の史料として、政治担当顧問であったペニンクから、バンドゥンのニコライ・グラーヴェ、つまりヴェラたちの父親に宛てた手紙が残っている。それは彼女たちが日本の地を踏んでからわずか四カ月後の一九四六年一一月一八日付(第4章で紹介したエレナの手紙の七カ月前)になっており、内容はほぼ次のようだった。

あなたの二人の令嬢、ロシタ〔Rosita. オルガが自分で名前を変えていたようである〕さんとヴェラさんが現在日本にいます。彼女たちの状況をお知らせします。ロシタさんはその日本人の夫と別れ、ヴェラさんも離婚を検討しています。ロシタさんは喘息を病んでおり、ヴェラさんは京都から東京へ移りロシタさんと一緒に住んでいます。彼女たちは一刻も早く東インドへ帰ることを望んでいます。

オルガは確かに日本到着後まもなく夫とうまく行かなくなったと聞いているが、このペニンクの書簡によれば、この段階でヴェラも離婚を検討しており、東京へ移ってオルガと一緒に住んでいるのだという。ヴェラ夫妻も結局だいぶあとになってから離婚するに至るのであるが、佐々木がのちに息子ロビーに語ったところによると、「オルガ伯母さんがしょっちゅう、あなたも帰ってきなさいとヴェラを誘った」そうで、「オルガがいなかったら離婚していなかったかもしれない」とのことだった。もしかするとヴェラは、インドネシアへの帰国の道を探るために、オランダ軍事使節団代表部へ出頭するオルガに同行して東京へ行き、心にもないことを言ってしまったのかもしれない。あるいは、実際心に迷いがあったのかもしれない。しかし、そもそも日本上陸からまだ四カ月しか経っていない時期である。佐々木やその妹みさこの話から考えると、とても本気で離婚を考えていたとは思えないのだ。そして現に、これ以後かなり長いあいだヴェラは佐々木と生活を共にし、三年後の一九四九年二月には子供まで生まれている。

夢破れたインドネシアの花嫁たち

さて、結局オルガはかなり早い時期に日本男性との結婚に破れ、インドネシアへの「帰国」を望んだのであるが、一九四六年に日本へやってきたインドネシアの花嫁の大半は、そのころまでに離婚して祖国へ帰ってしまっていた。統計はないが、日本へ来たと言われる約一四〇人の花嫁のうち、ペニンクの手紙が書かれた一一月ころまで残っていた者は数えるほどしかいなかったようだ。

インドネシアからの花嫁の多くが、「ここは来るべきところではなかった」と悟るまでにそう長くはかからなかった。夫の実家の冷たい態度、思っていた以上に荒廃した社会、整備の進まないインフラと粗末な住居、言葉が通じず、異文化に対する寛容性を欠く人々。そして寒い気候……。不満を挙げればきりがなかった。しかも、冷たい家族や社会とのあいだに立つはずの夫たちは、少しも頼りにならなかった。

そこで、彼女たちはオランダ軍事使節団に出頭して「帰国したい」旨を申し入れたのである。使節団の役人たちは、ハーグやバタヴィアと連絡を取り合って、彼女たちのオランダ臣民権を復活させるにはどうしたらよいのか検討を始めた。そもそもイギリス軍のもとで執り行った婚姻自体が有効だったのか、という論議から始まり、さらに日本へ来てからすでに夫の戸籍に入っているかどうかに至るまで調べて検討した。どうやらそのとき行きついた結論は、たとえインドネシアでの婚姻手続きが不備であったとしても、日本で夫の戸籍に入っていればオランダ臣民権を離脱しており、あらためて戸

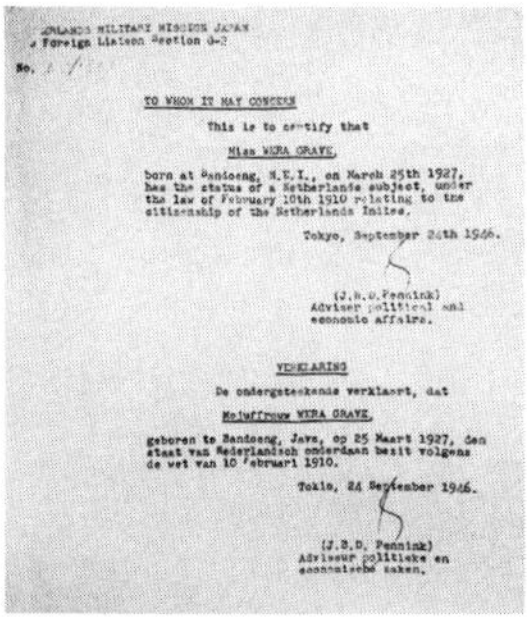
NDLANDS MILITARY MISSION JAPAN
Foreign Liaison Section G-2

No.

TO WHOM IT MAY CONCERN

This is to certify that

Miss WERA GRAVE,

born at Bandoeng, N.E.I., on March 25th 1927, has the status of a Netherlands subject, under the law of February 10th 1910 relating to the citizenship of the Netherlands Indies.

Tokyo, September 24th 1946.

(J.H.D.Pennink)
Adviser political and economic affairs.

VERKLARING

De ondergeteekende verklaart, dat

Mejuffrouw WERA GRAVE,

geboren te Bandoeng, Java, op 25 Maart 1927, den staat van Nederlandsch onderdaan bezit volgens de wet van 10 Februari 1910.

Tokio, 24 September 1946.

(J.H.D. Pennink)
Adviseur politieke en economische zaken.

いったん交付されたヴェラのオランダ臣民権証明書.

籍から抜かない限り臣民権の復活はあり得ない、しかし戸籍に入っていなければ臣民権はそのまま残っている、というものだった。

多くの花嫁たちにとって、臣民権の復活はさほどむずかしいことではなかったようだ。結局、出生地主義に基づいた一九一〇年のオランダ領東インドの法律により、この女性たちは、出生証明書を取り寄せたりしてこの地で生まれたことが立証できさえすれば、オランダ臣民権を持つことが確認され、一九四六年のうちにその証明書を発行してもらうことができた。オルガやヴェラに対しても、オランダの臣民であるという証明書が、いったん、かなり早い段階(一九四六年九月二四日付)で発行されている。これは日本へ来てまだ二カ月余のころのことであり、必ずしも離婚を前提としてではなく、おそらく申請者全員に発行されたものであろう。

離婚に踏み切った女性たちは、オランダ国籍に戻る手続きをし、一九四七年二月から八月にかけて、四次に渡って用意された、ジャワ゠チャイナ船舶会社の引揚船チバダック丸で引き揚げる機会を与えられた。このとき、それまで帰国の機会を失っていたインドネシア人留学生や、オーストラリアの抑留キャンプから自動的に日本へ送られてきたオランダ臣民権を持つ混血児なども一緒であったが、国際結婚に破れた女性たちは、彼らの場合などと違って自己都合で日本へ来たのであるから、船賃は負担させられた。

こうして多くの者が、わずか一年足らずで一九四七年までにはインドネシアへ戻ってしまったのであるが、グラーヴェ家の二人の姉妹には政治的な理由からそれが許されなかった。前に紹介したオランダ軍事使節団政治顧問のペニンクから、ニコライ・グラーヴェ氏に宛てた手紙に対する、ジャワのプリアンガン州長官からの応答が一九四六年一二月一二日付で届いているのだが、その内容によれば、なんとそのとき父ニコライ・グラーヴェは、対日協力と他の戦争犯罪の罪で牢獄に入っているということだった。そしてプリアンガン州長官は、そのような父親の経歴を考え、二人の娘のオランダ領東インドへの帰還には反対だという結論を出している。

さて、そのような趣旨の手紙をプリアンガン州長官から受け取ったペニンクは、その内容に対し、一九四七年一月一五日付の手紙で猛烈に反対を唱えた。ペニンクは次のように書いている。

州長官の手紙の最後のパラグラフについてお尋ねしてよいでしょうか？　第一に、オランダ人の自分の生地への帰国は拒否されうるのかどうかということです。第二に、子供たちは親の罪に対して法的に責任があるのかどうかということです。

このペニンクという人物は、その当時の多くのインドネシア人やオランダ人、あるいは混血の人たちの帰国問題で、国家を相手にずいぶん奮闘したらしい。当時この使節団にはホーム・スタッフだけで三七人もいたそうだが、この問題で登場してくるのはいつもペニンクで、しかも彼は常に日本に取り残された人々に対して同情的だった。たとえば、父親を日本人に持つ日イ混血の子供たちが、オーストラリアの日本人抑留キャンプから解放されて日本へ戻ったものの、この地になじめなくてインドネシアへの「帰国」を望んでいるケースが多かったが、その実現に向けても多大な努力をした。

オランダ領東インドで生まれて臣民権を持つ外国人がその地を離れて第三国へ行った場合、三カ月以内に臣民権保持の意思表示をその地の領事館等でしなければ、それは消滅するという規定があった。したがって、この規定を適用すれば、オーストラリアへ抑留された日本国籍の日イ混血児たちは、当然領事館での申請などしていないわけであるから、臣民権は喪失してしまっていた。とすれば、日本での生活を捨てて東インド（インドネシア）へ戻ることは認められないというのがバタヴィアの入国管理局の見解だった。

しかし、オランダ領東インドで生まれ、東インドで育ち、オランダ語を話すそれらの日イ混血の人々の運命に非常に同情したペニンクは、抑留中は領事館に出頭したくてもできなかったので不可抗力であり、この場合は例外措置を取るべきだと訴えた。バタヴィアやハーグとのあいだで何度も書簡を交わし、最終的にはこれを当局に認めさせ、混血の人々は臣民権証明書を出してもらい、希望するなら祖国に帰る道が開かれたのだった。そのようなペニンクの人間性と血の通った決断については、多くの関係者が好意的に証言している。

オルガとヴェラの場合にもペニンクは一生懸命反論し、その帰国を可能にしようと尽力したが、結局力を持たなかったようである。バタヴィアの入管局長からペニンクに宛てた一九四七年八月八日付の手紙には、次のように記されている。

日本人と結婚し、日本の降伏後夫とともに日本へ出発したロシタとヴェラ・グラーヴェは、ロシア人N・グラーヴェと日本人の女性とのあいだに生まれました。これらの女性がオランダ領東インドで生まれたからといって、オランダの臣民権を持っているということにはなりません。その当時東インドの法的な枠組みのなかで合法的に定住していた両親から生まれた子供たちは、たしかにオランダ臣民です。子供たちが生まれたときにオランダ領東インドでの永住権を与えられていた両親の子孫だけが、この地での出生によってオランダ臣民としてのステータスを与えられるのです。

ロシタとヴェラが生まれたときにグラーヴェ氏がオランダ領東インドの法的枠組みのなかにいたかどうかという質問に対して調査を行ったところ、ネガティブな回答が出ました。グラーヴェ氏は、そのとき永住権を持っていませんでした。それゆえに、私はこれらの女性がオランダ臣民権を持っているというペニンク氏の意見に賛成することができません。

……したがって彼女たちの東インドへの渡航は拒否すべきであります。さらにもっと〔拒否する〕理由があります。グラーヴェ一家は全員日本占領期に日本人と定期的な付き合いをしており、一方的な偏った情報を得ていました。それに加えて駐日オランダ軍事使節団から入管局長宛の七月一六日の手紙のなかで書かれていたように、この女性たちは東インドへの帰国費用を自分たちで負担する資金を持っていません。

個人的な文通〔の内容〕から察するに、この一家は親日的で、父親は例外ですが、母親が牢獄から釈放されたのち、全員日本へ向けて出発したがっています。このような状況下では、誰もロシタとヴェラを日本から東インドへ送り返すことはすべきでありません。

実は、第2章でも述べたように、一九二四年に総督から出された証明書でグラーヴェ一家は定住を認められていたのであるが、ここではそれも考慮されず、結局、いったん認められていた臣民権を否定する、このような結論が出され、オルガとヴェラは日本に留まるしかなくなってしまったのである。きわめて政治的な判断であった。

しかし結果的に、それが彼女たちにとってどれほど不利益な結論であったのかは、判断がむずかしい。というのは、まもなくオルガは、進駐軍の日系アメリカ人ニシカワと再婚して幸せな家庭を築くようになり、またヴェラもこの結論によって離婚を思いとどまったようで、その二年後には息子を出産しているからである。もしこのときの臣民権論争で、オルガとヴェラにオランダ領東インドへの帰国が許されていたなら、一九四九年に誕生したロビーは、この世に生を受けることはなかったのであるから。

母の祖国で異邦人として暮らす――オルガとヴェラのその後

早くから離婚を決意して、東京へ出ていたオルガとは別に、ヴェラは関西に留まってなんとか佐々木との結婚生活を続けようと奮闘していた。正確な時期はわからないが、おそらく一九四七年のいつごろかであろう、佐々木の友人で大阪梅田のお初天神に土地を持っている人がいて、ヴェラに喫茶店をやらないかと誘ってくれた。コーヒー農園で育ったヴェラにとって、珈琲豆を煎ったり挽いたりして、おいしいコーヒーを淹れるのはお手のものだった。ヴェラは法的地位が「外国人」であったから、特別な配給を受けることができたし、ＰＸ(post exchange の省略形で、米軍基地内にある酒保・売店のこと)

での買い物も自由だった。珈琲豆も砂糖もミルクも手に入るのである。さっそくリディアという名前の喫茶店を開いたが、当時まだそのような店が少なかったのでけっこう繁盛した。一つ違いの義妹みさこが一緒に手伝ってくれた。

京都から通うのはたいへんだったため、そのころは喫茶店の一角を住居にして住んでいた。日本の都市はほとんどが空襲に遭って、多くの家が破壊され、そこへ人々が戦地や旧植民地・移民先から引き揚げてきたため、全国的にかなり厳しい住宅難だったのである。そして賃貸アパートもなく、他人の家に間借りすることも珍しくない時代だった。

その喫茶店には、トイレもなく、建物の外の共同便所で用を足さねばならなかった。しかも当時は当然のことながら水洗ではなく汲み取り式である。お風呂はもちろんなかったが、ヴェラはさすがに銭湯に入る勇気はなく、時折知人の家で入らせてもらっていた。一日に何回もマンディ（水浴び）をする国から来た人間にはさぞつらかったろう。みさこは「よくあれをヴェラさんが我慢したわね」と、思い出しては感心していた。

お初天神に開店した喫茶店リディアの前で友人と（右がヴェラ）．

佐々木とヴェラは、やがて喫茶店の常連客だった阪大病院の医師の住む池田市の石橋に間借りさせてもらい、その間に近くに自分たちの家を新築した。比較的大きな家だったので一部を米兵の「オンリーさん」に貸していて、米兵も一緒に住んでいたそうだ。しかし、少しずつ生活に余裕が出てきたと思うと、毎月佐々木の父がやってきて、お金をせびっていくようになった。夫の収入はたいしてないので、結局ヴェラの稼ぎに頼っていたようだ。

ロビーの誕生、そして離婚

やがてヴェラが妊娠した。そして妊娠中に佐々木の父が亡くなった。その墓を作るのに、再びヴェラの稼ぎがあてにされた。阪大の医師の紹介で、日本生命の病院で一九四九年二月に長男が生まれ、ヒデオと名付けた。のちに離婚によりヴェラがグラーヴェ姓に戻ったとき、ヒデオもウラディーミル・ロベルト・グラーヴェと改名した。ファースト・ネームはウラディーミルなのだが、まもなく小学校へ上がったとき、校長先生が、「Vladimir を発音するのに、舌を嚙みそうになるので他の呼び名はありませんか」とヴェラにたずね、ヴェラは、ミドル・ネームのロベルトをとって日常的にはロビーと呼ぶことにした。その名前で今日に至っているので、本書でも「ロビー」の名を使っている。

ロビーが生まれた一〇カ月後に、インドネシアの独立戦争に終止符が打たれ、またその二年後に日本も米軍による占領が終わって完全な独立国になったが、前にも述べたように、両国間には一九五八年一月まで国交が樹立されなかった。だからまだ大使館はなかったが、インドネシア政府代表部という小さな事務所が東京に開設された。これにより、それまで凍結されていた両国間の往来が少しずつ始まり、祖国に帰れなくなっていた一部の人たちの便宜も多少改善された。日本に取り残されていたインドネシア人留学生は、それまでオランダのパスポートを取得して帰国することを拒否していたが、独立インドネシアのパスポートを申請して、堂々とインドネシア人として帰国することができるようになった。それでも日本との国交はまだなかったため、後述するように、日系アメリカ人と再婚したオルガと違って、ヴェラは簡単に両親のいるインドネシアとのあいだを往復することはできなかった。ヴェラは義妹の佐々木みさこにロビーの子守をしてもらって喫茶店経営を続けた。ボトルで飲ませる粉ミルクやオートミールの離乳食がＰＸで手に入るので、子育ても何ら不自由はなかった。

にもかかわらず、なぜかそのあと喫茶店をたたんで、佐々木とヴェラはロビーを連れて上京してしまった。ロビーはそれまで石橋の桜保育園に通っていたというから、三、四歳にはなっており、とするとおそらく一九五二年ころのことだろう。もしかすると佐々木の転勤だったのかもしれない。私が二〇〇九年ロビーに案内されて京都で佐々木に面会したとき、時間があまりなくて十分な話が聞けず、次の再会を約束して別れた後、佐々木は突然他界してしまったため、色々なことがわからないままになってしまったのが残念でならない。

佐々木夫妻とロビー（大阪にて）.

佐々木の断片的な話によれば、東京では鉄道関係の人の紹介で浜松町に住んだが、国分寺に住んでいた安倍さんというインドネシア帰りの一家の家によく遊びに行ったという。戦前バンドゥンで桜洋行を経営していたあの安倍さんのようである。ヴェラにとっては小さいころからの知り合いで、そのころまでまだ交流が続いていたということだろう。そして、離婚して鳥取を去ったのち、オルガはこの安倍さんの家に居候していたようだった。

戦後（一九六一年）日本でまとめられた『東印度引揚者名簿』には、桜洋行の「阿部《ママ》トキ」なる人物が、「東京都下国分寺町本多新田一四六―三」という住所で掲載されている。そう言えばジャカルタの文書館に残っていた、一九四七年五月にエレナがオランダ軍事使節団経由でオルガとヴェラ姉妹に送った手紙の宛先は Kokubunji Honda Icchome 146 になっていた。が、これは新表記になったものであろう。ロビーの記憶では、離婚後もヴェラはロビーを連れてしばしば「コクブンジ」へ遊びに行っていたという。ヴェラは、「コクブンジ」を「ココベンジョ（ここ便所）」と覚えていて、しばしばこの地名を口にしたので、ロビーはよく覚えている。

さて、詳しい事情は語らなかったが、佐々木親子の浜松町での暮らしはほんのひとときだったようで、その後佐々木は京都へ戻り、一方ヴェラはロビーとともに東京にとどまった。いわゆる別居状態に入ったようだ。その後、佐々木とヴェラは一九五五年になってから離婚するのだが、それまでの一、二年のあいだ、ロビーは父親に会うためにしばしば一人で京都へ足を運んだ。父が再婚して新しい家庭に腹違いの妹ができてからも、新しい奥さんには内緒でその行き来は続いたという。どうやら離婚後も佐々木は子供との「面会権」を保持していたわけで、その当時としてはかなり異例のことであった。ヴェラは、ロビーにつねに「離れていてもあなたのパパなんだから」と言い、佐々木とつながりを持ち続けることを勧めたという。西洋の教育を受けたヴェラのリベラルな価値観を反映したものだったのであろうか。

当時は新幹線などないから、「つばめ」とか「はと」という名の特急に乗っていった。東京駅で母親に見送られ、一人で旅をして京都に着くと、父親、みさこや他の叔母が出迎えてくれた。父親の家族とは親しい関係が続いていたことがうかがえる。こうして何度も東京―大阪を往復したことをロビーは覚えている。

池田市石橋に戻った父の佐々木からロビーには、誕生日やことあるごとに手紙やカードが届いていたようだ。ロビーの手元に二通の父からの手紙が残っている。一通は、一九五三年五月五日の子供の日に送られてきたもので、宛先は新宿区百人町で、正式な離婚手続き前であるが、名前は「ロビイ・グラーヴェ殿」となっている。四歳のロビーがまだ読めるとは思えないので、ヴェラが読み聞かせてくれることを期待していたのか、カタカナで書かれている。

「愛するかわいいロビーへ」という言葉で始まるこの手紙は(そのままでは読みにくいので通常の漢字交じりの新仮名遣いに直して紹介する)、どうやらロビーが京都に訪ねてきて東京へ戻ってしまったあともなく書いたものらしく、「……ロビイのいるあいだは、本当にいろんなことを忘れて楽しい日が続いて本当にどんなにか楽しかったよ。それもしばらくだった。そしてまたパパは一人で寂しくいる」と書かれている。そして、「今度何かためになる本でも阪急〔デパートの名〕から送るね。……病気しないで、元気でね。ママにもよろしくね。キッス　さよなら　パパより」と結ばれている。

翌一九五四年のクリスマスカードは、ローマ字で書かれている。「大きくなったろうね。手紙書かないでごめんね。パパはただ朝早く、そして夜帰るとただ疲れて寝るだけ。手紙書く暇がないの。いつでも朝の京都へ行く電車の中と帰る電車の中でロビーのことが頭に出てくるの」と、ロビーへの熱い思いを語っている。父との交流は、ロビーが中学卒業後アメリカへ出発するまで続いた。

米軍軍属の妻として――オルガも再出発

一方、姉のオルガは、早い時期に離婚して鳥取を離れ、東京へ出て、前述のように国分寺の安倍さんの家にしばらく世話になっていたようである。そして、一九五〇年ころオルガは、ニシカワという日系二世と知り合って結婚した。ニシカワは米軍の軍属だったが、要職に就いていたようで、将校待遇だった。立川基地で働くニシカワと、国分寺に居候していたオルガは、同じ中央線の沿線だったから、電車の中で出会い、ニシカワが一目惚れしたのだという。彼は日本語の読み書きも自由にでき、食生活も何もかも日本人的だった。

一九五四年のクリスマスに佐々木からロビー宛てに送られた便りは、「新宿区富久町一〇四番地西川三郎様方」となっているので、結婚後はそこに住んでいたようであるが、まもなく住居をそこからそう遠くない新宿区東大久保に定めた。このあたりの中村さんという地主が、焼け跡に進駐軍向けの純西洋式の家を何軒か建て賃貸に出していた。ここにニシカワ夫妻と、まだ幼児だった長男のニッキー(一九五一年一〇月生まれ)が入居した。のちに一九六七年にアメリカへ帰るまで、ニシカワ一家はずっとここに住むことになる。

その後しばらくして、佐々木が大阪へ戻ったあとも東京に残って百人町に住んでいたヴェラとその息子のロビーも、この東大久保の家に合流した。寝室二間とリビング、そしてダイニングだけのそれほど大きな家ではなかったが、大きな主寝室にニシカワ夫妻が、もう一つの寝室にヴェラとロビーが同じ一つのシングル・ベッドに寝た。「異郷」の地で、姉妹身を寄せ合ってようやく落ち着いた生活が始まったようである。特に佐々木との別離で心に傷を負ったヴェラも、ようやく一息ついたことであろう。経済的には収入差が大きく、姉に頼りっぱなしで肩身は狭かったかもしれないが、とてもオープンで賑やかなことが好きな性格のオルガと、おとなしくなんでも受け入れてくれる性格のニシカワに囲まれて、居候生活は始まった。

そのころの生活を、同じ敷地内に住んでいた家主の娘道子さんの思い出話で綴ってみよう。彼女は一〇歳から二三歳までニシカワ夫妻と同じ敷地内で暮らした家族同然の人だった。

オルガさんはとてもオープンで、客を迎え入れるのが好きでいつもお客で賑わっていました。毎週末お客さんがたくさん来て、マージャンや花札やポーカーをやっていましたね。当時慶應大学の学生だった私の兄もマージャンが好きで、一緒に加わっていました。クリスマスやイースターもいつも賑やかなパーティーをしていました。

オルガさんの方がヴェラさんより明るい性格だったわね。ヴェラさんは無口で少しすました感じでした。容貌はヴェラさんの方が白人的で見た目は派手でした。二人とも気性が激しいので、よく喧嘩していました。喧嘩になるとオランダ語だかインドネシア語だかになっていました。それ以外のときは皆日本語を流暢に話しました。オルガさんはべらんめえ調のとても上手な日本語を話しました。書くのはカタカナしかできなかったけど。

ニシカワさんも日本語は上手。だから家での会話は日本語でしたよ。ニシカワさんはまったく日本人的だった。食事も日本食が好きだった。ニシカワさんはクライスラーの大型車を持ってい

ニシカワ家のクリスマス・パーティー．中列で右手を挙げ，左手にウィスキーボトルを持っているのがオルガ，後列左端がニシカワ，その右へ向かって3人目が道子．その右隣和服姿が道子の母，中列右から2人目がお手伝いの宮館和子，前列右から2人目がロビー（平井道子氏提供）．

て、自分で運転して私たちを米軍のグラント・ハイツ〔練馬区〕や、代々木のワシントン・ハイツ〔米軍の上級将校家族用の住宅地。一九六四年に日本に返還され、東京オリンピックの選手村になった〕にあるキャミソリー〔米軍基地内の売店〕やPXへ連れて行ってくれました。我が家が欲しいものは何でも買ってくれました。日本ではとても手に入らないような食べ物が手に入ったんですよ。大きな何ガロンもあるようなアイスクリームを買ってきて……。

私は、そのころの日本人が食べていなかったような食べ物、たとえばスキッピーのピーナツバターなどを毎日食べて育ちました。あのころ小学校の遠足のおやつは一〇〇円分しか持って行ってはいけないことになっていたんですが、オルガさんが山ほど色々なアメリカのお菓子を買ってきてくれました。

……NHKがテレビ放送を開始して間もないころから、ニシカワ家にはアメリカ製の大型テレビがありました。「名犬リンチンチン」などの番組を私たちはニシカワ家へ行って毎日のように見ましたね。

一人当たりのGDPがまだ低く（一九五五年で約二六〇ドル、一九六〇年で四七八ドル）、消費物資も限られていた日本社会にあって、ニシカワ一家がいかに特権的な生活をしていたかがわかるであろう。たくさんのごちそうを「食べろ、食べろ」と勧められたり、PXに誘われて珍しいものを手に入れさせてもらったりという話は、そのころオルガとダンス教室で知り合って、この家に頻繁に出入りしていた歯科医(当事は歯科大学生)の寺門有二も証言している。友だちが友だちを連れてきて、ニシカワ家の食卓はいつも賑わっていたという。ニシカワ家で開いた当時のクリスマス・パーティーの写真が残っているが、まだまだ「戦後」の貧しさのなかにあった一般の日本人には想像できないような、きらびやかな世界だった。

国交樹立後スカルノ大統領が訪日すると、オルガやヴェラも宿舎に呼ばれたようだ。一九五〇年代はまだ日本に住むインドネシア人が非常に少なかったうえ、おそらく、リリーの嫁ぎ先のダヌブラタ家との関係があったためだろう。ヴェラはスカルノとは、「またあんた女遊びに来たんでしょう」とインドネシア語で憎まれ口をたたくような仲だったという。

ニシカワ家にはお手伝いさんがいたが、オルガがあまりにも厳しいのでいずれもあまり長く続かず、出入りが激しかった。ところが一九五九年に次男が生まれたのちに採用になった宮館和子は、オルガに

ニシカワ夫妻と2人の子供. 1965年ころ.

中野のアパート時代のヴェラとロビー. 昔風の卓袱台には日本的な食事が配膳されている.

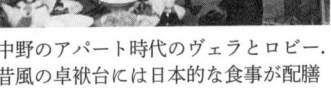

も二人の子供にも気に入られて、その後ニシカワ家が一九六七年に日本を去るまで八年間勤務した。確かにオルガは気性が激しく、しばしば宮館とも衝突した。そんなときオルガは、「あんたが出て行くというなら私が出て行く。あんたがいないとこの家は困るから」と、プイと家を出て遊びに行ってしまい、夜遅くケロッとして帰って来るのだった。

ヴェラとロビーは、やがてニシカワ家を出て、大久保駅の向こう側の中野区内にアパートを借りて引っ越していった。決して仲たがいしたのではなく、子供が大きくなって家が手狭になってきたためだと思われる。しかし歩いて行ける距離だったので、それ以後もロビーは、東大久保時代に通っていた天神小学校、ついで大久保中学校（現在は新宿中学校）に通い続け、放課後はニシカワ家に立ち寄っていた。「オルガさんは自分の子供と同じようにロビーちゃんを可愛がっていたわよ。見ているととっても好きだったのがよくわかる。皆にはわからないけど、私にはわかる。怒るときには皆同じように……。引っ越した後もロビーちゃんは、引き続き天神小学校へ行き、オルガさんの家から通ったり、お母さんの所から通ったりしたけど、オルガさんはロビーちゃんにお弁当を作って持って行ってあげたこともよくあった」と宮館は述懐する。

ロビー自身も、「オルガ伯母さんは、僕を自分の子供のように可愛がってくれた」と語っている。のちに高校受験のとき、先に合格が決まった私立高校の入学金の支払期限が、都立高校の合格発表前にくるという事態に直面したとき、当然のように、オルガはそれを払ってくれた。当時のお金で五万円もしたという。しかし一方で、姉妹の気性の激しさを物語るようなエピソードもあった。「オルガ伯母さんと母が、子供の喧嘩をめぐって大喧嘩したことがある。私がニッキーを怪我させたとき、オルガ伯母さんはバットを持って私を追いかけた。それを途中で見つけた母が、オルガ伯母さんに立ち向かい、彼女を垣根の外に放り出した」とロビーは語る。

オルガの子供はインターナショナル・スクールに通い、一方ロビーは、前述のように地元の新宿区立の小学校に通っていた。混血児が今のように多くない時代に、カタカナ綴りの名前で日本の学校に就学していたロビーは、かなりたいへんな体験をしたのではないだろうか。特に、いかにも「外人」という顔立ちの母親が父兄参観に現れたときなど、生徒たちがどれだけどよめいたかは想像に難くない。そのころ父兄会に来る母親たちは多くが和服姿であったが、そのようななかでヴェラはいつも颯爽たる洋装で、しかも指にはマニキュアをし、誰の目にもひときわ目立った。自宅では、生活慣習も人付き合いも半分「外人」の世界で生活していたから違和感はなかったであろうが、学校という世界はまったくの「日本」である。ロビーは、「ママ、あんな格好で来ないで」と頼んだが、ヴェラは自分の信念を変えず貫き通したという。

感謝状
ヴェラ グラヴエ殿
あなたは警視庁第三機動隊が 東京オリンピックを控え英会話の講座を開くに当り講師に依嘱するや篤志をもつて その指導に盡されたことは感謝にたえません
ここに機動隊創設十五周年記念日に当り厚く感謝の意を表します
昭和三十八年五月二十五日
警視庁警備部長 高橋幹夫

警視庁からヴェラへの感謝状.

オルガは専業主婦だったが、ヴェラは語学力を生かして、なにがしか仕事をして家計の足しにしていたようだ。東京オリンピックを前にして警視庁機動隊に英語を教え感謝状をもらったこともあった。

ロビーの記憶では、ヴェラは、芸能界の人たちとの付き合いもあり、ディック・ミネ、池部良、三船敏郎、勝新太郎、そして力道山らとの交流があった。ニコライが日本にいたころ、この国ではレスリングはまだ盛んではなかったが、大相撲から転じ、空手チョップで有名になった力道山の登場によって、初めてのプロレス・ブームが起こっていた。

ヴェラは派手で目立ったので、映画界から出演しないかという誘いもあったそうだが、その当時としては背の高かった池部良ですら、身長一七二センチのヴェラがハイヒールを履いて並ぶとつり合いが取れなかったのだそうだ。オランダ大使館のインド・ブランダの職員や、インドネシアの留学生との付き合いもあったようで、同じ引揚船で一緒にインドネシアから嫁いできた菊池ネリーとはずっと親交を結んでいた。彼女は、離婚せずに最後まで日本人の夫と寄り添った数少ない「インドネシアからの花嫁」の一人で、夫の菊池輝武とともに、六本木に日本で初めてのインドネシア・レストラン「ブンガワン・ソロ」を経営していた。のちにはレストランを息子に任せ、夫妻でインドネシアに移住してジャカルタの中心部に「菊川」という店を出し、当初は唯一の日本食レストランとして古い時代の在留邦人のあいだで人気を集めた。「ブンガワン・ソロ」は、創業以来長く続いていた庶民的な店で、私もインドネシア研究を志したころよく足を運んだものだが、残念ながらいつの間にか姿を消してしまった。

ニコライ堂で行われたコラの追悼ミサ.

一九五六年二月、弟コラの猟銃事故死の知らせが舞い込んできたときに姉妹が号泣していたのを、家主の娘道子はよく覚えている。普段は宗教とは関係の薄い二人であったが、そのときは神田のニコライ堂(ロシア正教の教会)で追悼ミサをやってもらったという。

母ヒデの実家との親交

佐々木親子やオルガは、かなり早い時期から、そのころまだ存命であったヒデの母親タキや姉妹を訪ねて、静岡県の興津まで行っている。タキは夫の三輪持《たもつ》の死後、釧路に軸足を移してしまった三輪家を出て、前夫とのあいだに生まれた茅森タツ、つまりヒデの異父姉の元に身を寄せていた。そしてそのタツの息子の邦夫が静岡の興津に水産関係の仕事を得て函館から移ると、彼女たちもついて行った。その後そこには、同じ両親から生まれたヒデの妹コマも合流していた。ただコマはそのころすでに循環器系の発作の後遺症で寝たきりになっていた。ともかく興津はオルガやヴェラにとって母ヒデの実家のようになっていたのだ。

オルガやヴェラが日本へ嫁いだとき、安倍の住所のほかに、この「興津のおばちゃん」たちの住所も知らされてきたのであろう。ロビーは、父と母に連れられて「興津のおばちゃん」に会いに行き、海辺で写した写真をいまだに持っている。

興津の海辺で撮影．タツおばさん（中央）と佐々木親子．1952年ころ．

ヴェラは毎月のようにこの祖母や伯母に会いに行った。若くして南方へ行ってしまったヒデの娘たちが、このような形で日本人の妻となって戻ってくるとはタキは思っておらず、さぞかし驚喜したことであろう。その後タキは、一九五五年一二月、八三歳でこの世を去り、函館の茅森家の墓に葬られた。

8 その後のグラーヴェ家

一九六〇年代初めに、ヒデはカリフォルニアで、シュラ、ワロージャの家族とともに、新しい生活を始めた。また、日本へ嫁いだ二人の娘は前章で見たように東京に定着していたが、他の子供たちやニコライはその後どのような人生を歩んだのだろうか。本章ではグラーヴェ家のその後の様子を紹介しよう。

インドネシア人としてバンドゥンに暮らすリリー

兄弟姉妹のなかでただ一人インドネシアに残ったリリーは、母やきょうだいが次々とインドネシアを後にするなか、すでにかなり年老いた父ニコライの世話をしながら、バンドゥンに留まり、インドネシア人名士の妻としてそれなりに充実した裕福な生活を送っていた。

夫シディック・ダヌブラタは、父方はタンゲランの大土地所有者の子孫で、もともとはダヌブラタニングラットという、名前の語尾に貴族の出自であることを示すニングラットのつく名門の出であった。そしてその当時シディックの父はスカルノによって西ジャワの警察長官に任命され、大統領の絶大な信頼を受け、スカルノの訪日などにも同行していた。母は、当時の首相ジュアンダ夫人の妹で、独立以前からスカルノとともにオランダに抵抗する民族運動を闘った仲間であった。

その息子のシディック自身は、政治や国家権力とは無関係のビジネスマンであった。独立戦争時代から大規模に物資を調達して、闘うインドネシア国軍を助けて国家に貢献していた。独立後は様々な事業を手掛けたが、特に西ジャワ一帯で砂糖の流通配給を一手に掌握していた。そのほか、周辺諸国からさまざまな製品の輸入や、小規模の製造業も手掛けていた。特に日本と手広く商売をしていて、例えば、日本のミゼット(三輪車)を輸入して、ベモという乗り合い簡易タクシーとしてインドネシアで広めたのはシディックだった。そのため、日本との国交樹立(一九五八年一月)前からすでに日本の財界関係者とはつながりを持っていて、日本からの訪問客も多かった。西ジャワの商工会議所関係者を率いて日本へ行ったこともあった。

デヴィ・スカルノとの親交

リリーとシディック.

ある日、スカルノからの紹介で美しい日本女性がダヌブラタ家を訪ねてきた。バンドゥンへ訪問するに際して、当時この地区の警察長官をしていたシディックの父にアテンドの依頼があったのだが、父は日本女性ならリリーに任せようということで、ダヌブラタ家で迎えることになった。「ナオコ」と呼ばれたその美しい女性は、その後スカルノ大統領の第三夫人となり、現在はタレントとして日本のテレビをにぎわせている「デヴィ夫人」であった。
ナオコ（根本七保子）は、スカルノ大統領が訪日したとき、東日貿易の社長久保正雄の紹介で引き合わされて見初められ、一九五九年九月にインドネシアへやってきたのであるが、実はそのスカルノの訪日の際、リリーの夫シディックも商工会議所の代表として同行していたのだという。ナオコは、最初スカルノの招待を受けたときは、ほんの短い訪問のつもりで出発したのだったが、そのまま彼の庇護の下、ジャカルタで生活を送ることになった。そうやってジャカルタでいわゆる愛人として暮らしていたある日、バンドゥンに遊びに来たのだった。

4歳のレヴァナをひざに抱くデヴィ．

それからナオコとリリーとの付き合いが始まったのだが、その後、ナオコがダヌブラタ家を二度目に訪れたときは、一人の日本人の老紳士と、シンガポールのタイガーバーム社のオーナーの子息と結婚していたもう一人の日本女性、さらに日本の商社の駐在員の夫人と一緒だった。そのとき撮られた写真のなかで、ナオコに抱かれている娘のレヴァナが四歳ぐらいであるから、おそらく一九六二年ころのことだったとリリーは記憶している。ナオコはとても子供が欲しかったようで、幼いレヴァナを見て養女に欲しいとまで言ったそうだ。このダヌブラタ家訪問の際の、小さなレヴァナもいっしょに写っている写真は、デヴィ・スカルノが二〇一〇年に草思社から刊行した『デヴィ・スカルノ回想記』にも掲載されている。

彼女がその後まもなく、一九六二年八月に三度目にバンドゥンへやってきたときには、ちょっとした事件へと発展した。思いつめたような様子でやってきたナオコは、スカルノとの出会いの顚末や彼女をスカルノに引き合わせた久保正雄のことなど堰を切ったように話し始めた。

彼女はスカルノに愛されながらも、当初は正式な妻として認められるわけでもなく、日陰者としてひっそり生活しなければならない身分にフラストレーションを感じていた。そのようななかで、その年の二月、最愛の母が亡くなり、日本での葬儀に戻ったところ、その最中にただ一人の弟が自死してしまうという二重のショックに見舞われたのだった。

葬儀を終えて絶望のなかでインドネシアに戻ってきたナオコを、スカルノは温かく受け入れ、その心を癒すために、三月に密かにイスラームに則って夫婦の契りを結んだ。そしてラトナ・サリ・デヴィという名を与えられてインドネシア国籍も取得した。しかし世間を慮って公《おおやけ》にはせず、デヴィは依然として日陰の女に留まった。しかも周囲は彼女に非常に冷たく、大統領の前では控えているものの、陰では様々な仕打ちをされたという。それはすべて第二夫人のハルティニの差し金だとデヴィは受け取っていた。ハルティニは形の上では第二夫人であるが、第一夫人のファトマワティは、籍は抜かないものの、怒ってスカルノの元を去り一人で暮らしていたため、実質的にはハルティニがファーストレディーだった。その地位がデヴィの出現によって脅かされるとすれば、本人自身はともかくも、その取り巻きが何かと嫌がらせをしたであろうことは想像に難くない。

皮肉なことにこのずっとあと、リリーの娘レヴァナが、ハルティニとスカルノ大統領のあいだに生まれたタウファンと結婚し、スカルノ家の一員になるという運命をたどるのであるが、そのときのリリーにはもちろんそんなことは想像すらできなかった。

その夜デヴィはダヌブラタ家に泊まった。ところがリリーたちが朝起きてみると、デヴィのベッドはもぬけの殻であった。ジャカルタから乗って来た車の運転手に命じて、夜闇に紛れバンドゥンを去ってしまっていたのだ。

「デヴィ行方不明」の連絡を受けて、スカルノ自身があわてて電話をしてきた。普通は副官を通してかけてくるのであるが、このときは自分自身が電話口に出て「デヴィはどこへ行ったんだ？」とリリーに直接尋ねた。「あら、ジャカルタへ戻られたのだと思いましたわ」とリリーは答えたが、スカルノは「いや帰ってはいない！」と怒りまくっている。よほど落ち着かなかったらしく、こちらの都合など考えずに「君も探しに行ってくれ！」という。立て続けに三回ほど電話がかかってきて、「まだ出かけていないのか？」と責め立てる。仕方なくリリーは、運転手のほかに、夫の会社の職員にも同行してもらってデヴィを探しに出かけた。デヴィの車はスマラン方面へ行ったという情報が入ったため、そちらへ向かったが、その道中は、反政府系イスラーム・ゲリラ組織ダルル・イスラームの残党がまだ潜伏している地域だったので怖くてならなかった。スカルノの副官サブールたちと落ち合ってスマランで一泊したのち、デヴィはトゥマングン方面にいるという目撃情報が流れてきたので南下した。

あちこち探しまわった挙げ句に、デヴィはトゥマングンの修道院にいることがわかった。訪ねていくと確かにデヴィはいた。リリーはほっとして駆け寄り、「大統領が私に何度も電話してきたわよ！」と思わず口にすると、彼女は「えっ、大統領がご自分で？」と非常に驚いたそうだ。「そうよ。三回もかけてこられたわよ」と言うと、ほんとうにびっくりしたようだった。

デヴィは「もう人生に疲れたから、ここで神にお仕えして静かに余生を送りたい」という。リリーは、スカルノの女好きを知っていたからあえて説得せず、「その方がよいかもね」と答え、副官のサブールに「私にとっては神様が第一。だからデヴィさんを神様から奪い取って大統領のところへ連れ帰るなんて、そんな罪深いことはしたくありません」と伝えた。するとサブールは「僕もしたくないよ」と、彼もデヴィを連れて帰ることを拒否した。そしてサブールもデヴィを連れずに帰った。カトリックの信者であったもう一人の副官バンバン・ウィジャナルコも連れて帰ることができなかった。誰もデヴィを連れて帰れなかった。

その後スバンドリオ外相が「私が行って連れ帰りましょう」と、スカルノ大統領の「心からお前を愛している。気もそぞろなほど。もうこれ以上は書けない。手が絶望に震え、ペンを持っていることができないのだ。永遠に愛する。すべてを捧げる。心からお前を愛している。絶望にうちのめされた男　スカルノより」という内容の手紙を持参して迎えに行き、その役割を果たした。この話は、デヴィ自身も一九七八年に文藝春秋から出版した『デヴィ・スカルノ自伝』で触れている。ただ「〔最初〕バンドンへむかった」とだけ記されており、そこでの詳細は述べられていない。

その後、スカルノ大統領とデヴィについてのゴシップが巷に出回った。リリーがそのゴシップを流したとデヴィは考えたらしく、二人のあいだはなんとなくぎくしゃくするようになった。リリーが再びデヴィに会ったのは、娘レヴァナとハルティィニ夫人の息子タウファンの結婚式でのことであった。これについては次章で記そう。

ところで、デヴィはその後、一九六四年にイスラーム教徒としてメッカに巡礼しているが、そのとき一緒に行った政府高官の夫人たちのなかには、シディックの母のほか、その姉、つまりシディックの伯母であるジュアンダ前首相夫人や財務大臣夫人もいた。この「ハジ」とよばれる巡礼は、イスラーム教徒の五つの義務の一つとされているもので、毎年決まった時期(ズー・アルヒッジャと呼ばれるイスラーム暦の最後の月)に、世界中から多くのムスリムがメッカを訪れ、いっせいに行うものである。

ヴェラ、ロビーを連れて母のいないバンドゥンへ

さて、ヴェラは一九五九年四月から七月にかけて、父とリリー一家だけが残るインドネシアへ、一〇歳になった息子ロビーを連れて、日本から初めて里帰りを果たした。ヒデがオランダへ去ったおよそ一年後のことで、夢にまで見た母には会えなかった。日系二世と結婚してアメリカ国籍を持つオルガはすでに何回かインドネシアへ来ていたが、ヴェラにとっては一三年ぶりに実現した里帰りであった。前年に日本とインドネシアとの国交が樹立され、ようやく可能になったのである。おそらく、ヴェラは日本とインドネシアの国交樹立を首を長くして待ち、その実現と同時にただちに里帰りを考えたに違いない。しかし何かてこずったのか、あるいはヴェラの決断が遅かったのか、ともかくほんの少し遅かったために、ヴェラは母親に会う機会を逃してしまった。

実は、「オランダ人の祖国引き揚げ」と「日イの国交樹立」がほぼ同じころだったというのは、決して偶然ではなかった。強烈なナショナリストであったスカルノには、オランダを経済的に追い出すことと、日本と早く国交を結んで、オランダと経済関係を断絶したのちの支えになってもらいたいと

いう気持ちが並行して存在していた。そして、一九五七年一一月末に来イした岸信介首相と二者会談を行ったスカルノは、オランダ資産を接収したあと、日本のサポートが期待できるという感触を得て、懸案になっていた(戦争の)賠償協定に同意することにし、それによって国交樹立を急いだのだった。日本が戦争によって損害を与えた国々に賠償することは、サンフランシスコ条約で決められており、インドネシアもその支払い対象国の一つであったが、その額や支払い方法に関してなかなか折り合いがつかなかった。そして国交樹立は、賠償問題が解決するまでは棚上げになっていたのである。

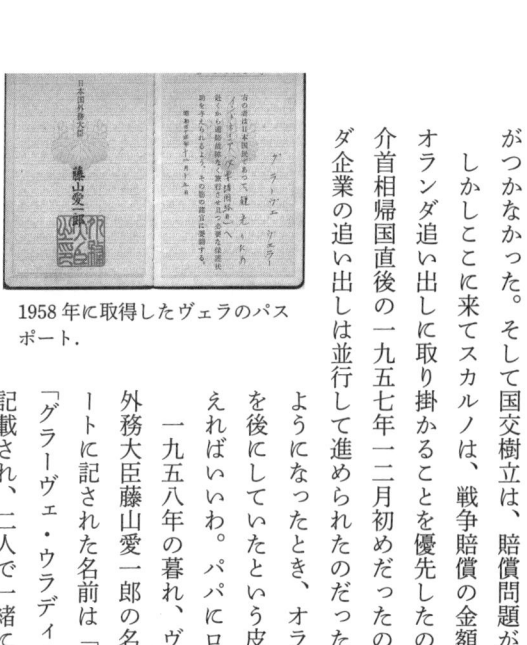

しかしここに来てスカルノは、戦争賠償の金額に妥協してでも、一刻も早く日本との関係をつくり、オランダ追い出しに取り掛かることを優先したのだった。オランダ企業の接収を断行したのが、岸信介首相帰国直後の一九五七年一二月初めだったのはそのためであり、日本との国交樹立準備とオランダ企業の追い出しは並行して進められたのだった。だから日本国籍のヴェラがインドネシアへ行けるようになったとき、オランダ国籍を取った母親や兄弟姉妹たちはすでにこの国を後にしていたという皮肉な現象が起こったのである。それでも「パパに会えればいいわ。パパにロビーを会わせよう」と思ってヴェラは腰を上げた。

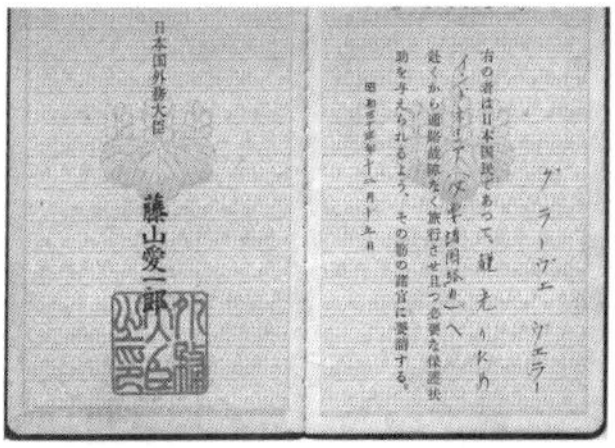

1958年に取得したヴェラのパスポート.

一九五八年の暮れ、ヴェラは、まず日本のパスポートを取得した。当時の外務大臣藤山愛一郎の名で、一九五八年一二月一五日付で発行されたパスポートに記された名前は「グラーヴェ・ヴェラー」となっており、そこに長男「グラーヴェ・ウラディミイル・ロベルト」が「同伴する子」として一緒に記載され、二人で一緒に写った写真が添付されている。当時は数次旅券ではなく渡航のたびに申請するものであり、「右の者は日本国民であって、観光のためインドネシア(必要諸国経由)へ赴くから通路故障なく旅行させ、且つ必要な保護扶助を与えられるよう、その筋の諸官に要請する」として行き先国を特定している。

次いで東京五反田のインドネシア大使館でビザを申請した。そして翌一九五九年四月六日に、二週間有効の訪問ビザが交付された。その手数料は、二人分で二六〇〇円となっている。一九六〇年の米価はキロあたり八五円であったから、その金額は約三〇・六キロ分、現在で言えば、一万二〇〇〇円くらいであった。

ヴェラ，日昌丸船上で船員の制服を着て．

ヴェラたちは、一七日に東京船舶の貨客船日昌丸(六五二七トン)で神戸から出発した。神戸港へはロビーの父佐々木が見送りに来てくれ、ロビーは大喜びした。ロビーはこのころまで父と交流があったのである。日本とインドネシアのあいだには航空便もすでにあり、ガルーダ航空とJALが就航していたが、直行便ではなく、途中香港やシンガポールで一泊しなければならず、それに何より価格が高かったから、留学生でもなんでも船で往来するのがごく普通だった。

日昌丸は、南洋海運が一九三九年に造船した大型船で、戦前はジャワ航路の花形船であった。戦争中は、陸軍に徴用されて南方への輸送船として、また戦後は復員船などとして使われ、まるで日本海運史の縮図のような船であった。いろいろな人にとって様々な思い出の詰まったこの船は、ヴェラ親子が渡航した六年後の一九六五年に、惜しまれて廃船になっている(朝日新聞一九六五年三月二五日付)。

ヴェラとロビーは二週間ほどの船旅を経て、四月二九日にジャカルタのタンジュンプリオク港に到着し、その後五月二日に入国審査を受けて、正式に上陸した。港に着くと、リリーは一家総出でジャカルタまで迎えに出て、ヴェラと感激の対面をした。一九四六年にインドネシアを発ってから一三年の年月が経っていた。ヴェラ母子が驚いたことに、荷物は全くフリーパス。またそこには、パトカーが待っていて、その先導で彼らはバンドゥンまでの旅を快適に楽しんだ。すべて西ジャワの警察長官だったリリーの舅エノッホ・ダヌブラタの指示であったが、まったく予想していなかったヴェラとロビーは、ひどく驚いた。二人はこれ以後、途中でビザを延長して、結局七月末までまる三カ月、バンドゥンのリリーのもとに滞在することになった。ロビーにとっては、ほとんど一学期のあいだ小学校を休んでの旅行だった。

地元の名門の出身で羽振りのよい実業家シディックと結婚したリリーの家は、バンドゥンの高級住宅街のなかでもひときわ豪華な邸宅である。今でこそカリフォルニアでそれに負けない大邸宅に住んでいるロビーであるが、新宿の賃貸住宅からやってきたそのころの彼には、ともかく驚きであった。庭園や住宅が大きいばかりではない、料理を作る人、洗濯をする人、掃除をする人、そして庭師、門番、運転手など何人もの使用人が邸宅に住み込んでおり、四歳になっていた長男のクリシュナにも、生まれたばかりの長女レヴァナにも、専属の子守がついていた。ロビーは、母や叔母の思い出話で聞いてはいたが、見るもの聞くもの驚きばかりのインドネシアだった。

サンバルと呼ばれる唐辛子のペーストで辛く味付けしたインドネシア料理を、ヴェラは懐かしそうに感激してほおばっていた。ロビーは、門番のおじさんが、垣根の外に売りに来るサテ(串刺しして焼

晩年のニコライ.

いた鶏肉）屋やラーメン売りからこっそり買って食べさせてくれた食べ物がおいしくてならなかった。彼がインドネシア料理の大の愛好家になったのはそれがきっかけだった。

ヴェラにとっては、妹のリリーとともに、父ニコライとの再会も感激だった。そのころニコライは、バンドゥン市内のさらに高台に、旧知のボディスコ夫人ならびに、テーオという華僑男性と一緒に住んでいた。ウオッカを飲みすぎて、かなり前からアルコール中毒になり、体はむしばまれていた。それに加えて、あるとき足の親指を負傷し、その傷から生じた敗血症を発症していた。そのため歩行が困難で、自由に外出できない状態だった。だから、ヒデやオレッグ一家がこの国を離れてオランダへ移住するときも、ジャカルタのタンジュンプリオク港まで見送ることはできなかったのである。それでも背が高くてかくしゃくとしていて、ロビーがちょっとその腕に触れると、自慢げに腕を曲げて盛り上がる肩の筋肉を見せてくれ、さすが元レスラーだと思ったものだった。

ニコライは、同居している同じくヨーロッパ的な生活習慣をもった二人と一緒に、食事のときは常にフォーマルに皿をセットし、インドネシア式のスプーンとフォークではなく、ナイフとフォークを使って、スープを先に飲んで、という完全なヨーロッパ式のやり方を崩さなかった。ニコライとのあいだにこれという共通語も持たないロビーは、身振り手振りでこの初めて会うおじいちゃん（オパ）と交流した。でもオパは、できるだけカタコトの日本語で対応してくれた。ロビーは、祖父が灰皿を指して「ハイオトシ」という聞きなれない日本語を使っていたのを覚えている。ニコライはまた、この日本から来た孫を「ロビー」と呼ばずに「ウラディーミル」と呼ぶことに固執した。小学生のロビーには意味が分からなかったが、これにはおじいちゃんのロシア人としてのアイデンティティーが強く滲んでいたのだと今では思うそうだ。

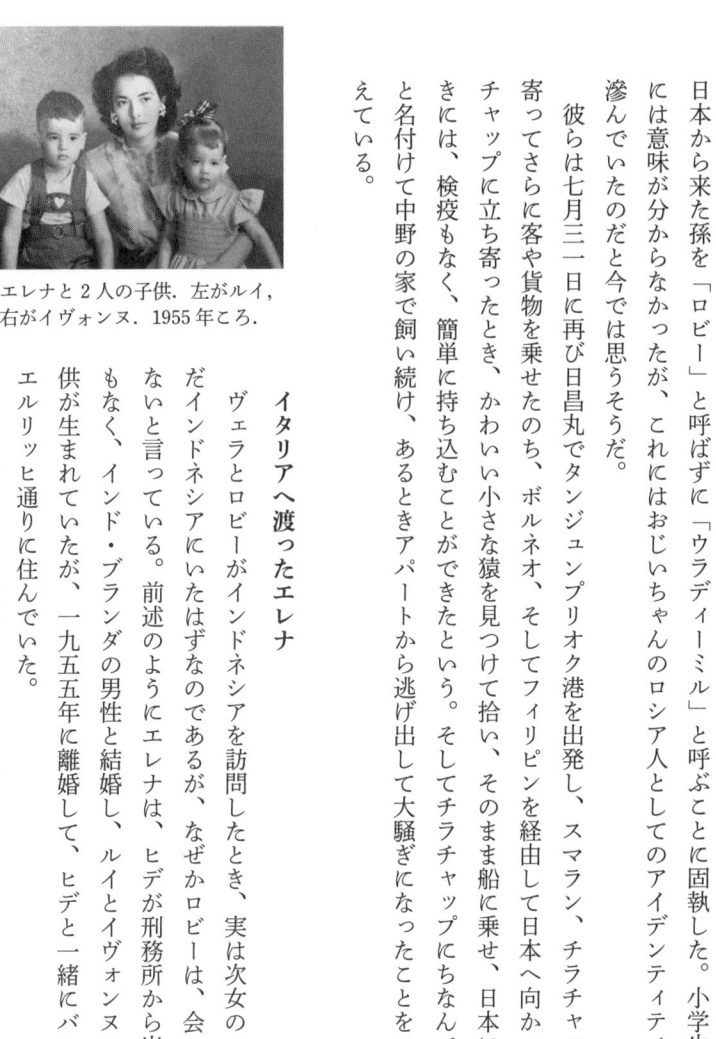

彼らは七月三一日に再び日昌丸でタンジュンプリオク港を出発し、スマラン、チラチャップに立ち寄ってさらに客や貨物を乗せたのち、ボルネオ、そしてフィリピンを経由して日本へ向かった。チラチャップに立ち寄ったとき、かわいい小さな猿を見つけて拾い、そのまま船に乗せ、日本に着いたときには、検疫もなく、簡単に持ち込むことができたという。そしてチラチャップにちなんで「チラ」と名付けて中野の家で飼い続け、あるときアパートから逃げ出して大騒ぎになったことをロビーは覚えている。

エレナと2人の子供. 左がルイ, 右がイヴォンヌ. 1955年ころ.

イタリアへ渡ったエレナ

ヴェラとロビーがインドネシアを訪問したとき、実は次女のエレナもまだインドネシアにいたはずなのであるが、なぜかロビーは、会った記憶がないと言っている。前述のようにエレナは、ヒデが刑務所から出てきて間もなく、インド・ブランダの男性と結婚し、ルイとイヴォンヌの二人の子供が生まれていたが、一九五五年に離婚して、ヒデと一緒にバンドゥンのエルリッヒ通りに住んでいた。

そして、第6章で触れたように、ヒデとオレッグの家族がオランダへ引き揚げたのち、あとを追って息子のルイを連れてオランダへ行き、アムステルダムの彼らの家のすぐ近くの知人の家に預けた。オランダで教育を受けさせた方がよいと考えたからのようだ。エレナはちょうどそのころ、イタリア資本のゴム農園でマネージャーをしていたイタリア人と知り合って一九五九年に再婚していたので、間もなくインドネシアへ戻った。再婚のこともあって、上の息子を自分の母親ヒデや兄一家のいるオランダへ連れて行っていたのかもしれない。

その後まもなく、一九六〇年七月にジャカルタでロベルトを出産したのち、イヴォンヌも連れて一家でイタリアのミラノに移った。エレナのイタリア人の夫は、製薬関係の会社に就職し、一家はそこ裕福な生活を満喫した。もともと日本的なライフ・スタイルや文化の影響を強く受けていたエレナは、母親との会話で習得していた日本語能力を保持するために、イタリアでも熱心に日本語コースに通っていたという。

一九六四年の東京オリンピックのときには、後述するように、アメリカにいた母親ヒデを誘って東京へ行き、オルガやヴェラの家族と再会した。

キラ、西イリアンからの引き揚げ

エレナがインドネシアを離れてしばらく経った一九六二年、西イリアンへ行っていた三男のキラも、そこから追い出されてオランダへ行くことになった。スカルノ政権は国内のオランダ資産の接収に先だって、独立後もオランダの主権下に留め置かれていたこの地域を奪い返す闘争を展開していたのである。その最終的な帰属は、いずれ話し合いで決めることになっていたのだが、ずっと放置されていた。民族意識の強いスカルノは、西イリアンを「インドネシアの上にぶら下がっている植民地主義者の剣」と称し、その奪還は何をおいてもまず実現せねばならない課題とみなしていた。インドネシアはこの問題を国連に持ち込み、その解決のためにオランダとインドネシアが交渉の席に就くことを求める動議を提出したが、一九五七年一一月二九日、これは否決された。

ここに至ってインドネシアは平和的解決を断念し、強硬路線を取り始めた。オランダ資産の接収もその一環である。年が明けて一九五八年二月一〇日、陸軍による西イリアン解放国民戦線が結成され、武力行使も辞さないという態度でオランダとの全面的対決に臨んだ。武力強硬路線を支えたのはソ連や東欧諸国からの武器の供給であった。

オランダは、実は経済的負担の大きい西イリアン統治から手を引くことを望んでいたのであるが、その場合インドネシアに渡すのではなく、オランダの庇護のもとに自治政府を作り、将来は独立させるという展望を持っていた。そしてちょうどこのころ、自治政府設立の準備に取り掛かったのであるが、このことはインドネシアの怒りをいっそう強めた。スカルノらは西イリアンがインドネシアに帰属するまでは、インドネシアの独立革命は未完であるという考え方をとっており、そのためこの闘争には最大限のエネルギーを投じていたのである。

そのようななかで一九六一年末にスカルノは、西イリアン解放のための三大命令(トリコラ)を出し、西イリアン解放司令部作戦参謀部の設置、解放闘争に参加する義勇兵の登録、国防会議における西イリアン省設置の決定等の措置をとった。同時にインドネシアは、その年の初めに成立したケネディー政権に働きかけ、西イリアンの解放はアメリカ自身の利益にもかなうものであることを強調して、ア

キラに送った和服姿のヒデの写真．1953年ころ．

写真の裏に綴ったヒデの短い手紙．

メリカがこの問題で仲介の労をとるよう仕向けた。アメリカはインドネシアの世界第五位の人口と豊富な資源、地政学的位置などから、仲介に乗り出した。

アメリカが乗り出した結果、オランダとインドネシアは国連の仲介の下に交渉を再開した。そして最終的に、一九六二年八月に「西ニューギニアに関するインドネシア共和国とオランダ王国との協定」が締結された。これに基づき西イリアンの行政権は国連に移され、その後一九六三年にはインドネシアに移された。そのため、キラのようなオランダ国籍の者は同地を撤退しなければならなくなった。

それまでの間、キラはインドネシアを訪れたいと思っても、一度も足を踏み入れることができず、家族の誰にも会ったことはなかった。キラの妻テレーサが私に語ったところによると、彼は「インドネシア共和国に敵対するある事件にかかわったから」ビザが出なかったのだという。それはバンドゥンでのウェスタリング大尉の事件のことを指しているのであろうか？　妹のリリーによれば、あのときキラは遺体の搬送を手伝っただけだったとのことだが、何かそれ以上の関与があったのであろうか。

しかし、のちにヒデの葬儀で三五年ぶりにバンドゥンへ来たとき彼は、新聞社のインタビューを受け、ウェスタリング事件のことを語っているが、その説明も単に遺体の搬送を手伝ったというものである。

母親のヒデは、そんな息子を案じ続け、和服姿で写した写真の裏に、「キーラへ。ハヤクハヤクカヘリナサイ」と書いたものを、一九五三年ころ送っていたが、キラはそれを大事に保管していたようで、のちに私がマーストリヒト(オランダの南東端部の町)にキラの遺族を訪ねたときに見せてもらった。

キラは、一九五七年七月にマノクワリのカトリック教会で、同地に住むインド・ブランダの家系の女性テレーサと結婚した。テレーサの父は、戦前オランダの民兵だったが、開戦のとき日本軍に捕まって船で日本へ運ばれた。そして終戦まで日本の収容所で暮らした苦い経験があった。娘が日本の血を受けたキラと結婚したときはさぞ複雑な思いがあっただろう。結婚式への招待状は、テレーサの両親と、遠く離れたバンドゥンのグラーヴェ＝ミワ夫人(つまりヒデ)との連名で発送されたが、ヒデ本人も他の兄弟姉妹も誰一人結婚式に参列することはできなかった。

東京へ立ち寄り，姉たちを訪ねたキラ(平井道子氏提供).

一九五九年には彼らの長男アーシャがビアクで生まれているが、その三年後には西イリアンを引き払わねばならなくなった。立ち去るに際してキラは、妻と子を一足先に直行でオランダへ出発させ、自分は姉たちに会うため東京経由で行くことに決めた。そして、一九六二年暮れに東京に立ち寄ったのである。東京では二人の姉、オルガ、ヴェラと一六年ぶりの再会を果たし、オルガの家にしばらく滞在した。

会えない息子のことをずっと案じていたヒデは、皮肉なことにキラがオランダに到着したとき、すでにアメリカへ再移住していてこの地にはいなかった。インドネシアを訪れたヴェラとは会えず、キラともすれ違いであった。キラがオランダに着いたとき、この国に残っていたのは長男オレッグの家族（第Ⅲ部扉参照）だけであった。ヒデがようやくキラと再会できたのは、一九六八年にアメリカから再びオランダを訪れたときであった。

いつまでも母を心配させるワロージャ

インドネシアにいたころからわんぱくで母親を困らせていた末の息子ワロージャは、結婚後も移住先のカリフォルニアのサンノゼでヒデと一緒に生活していたのであるが、相変わらずヒデの心配の種だった。結婚してすでに子供をもうけていたが、妻イングリッドに暴力を振るうようになり、夫婦のあいだには喧嘩が絶えず、同居しているヒデをいつもハラハラさせていた。だからそのころのヒデの生活は必ずしものどかなものではなかったようだ。

後述するように、一九六四年一〇月、ヒデはエレナに招待されて、オリンピック見物を兼ねて二度目の日本への里帰りをするのであるが、二人のあまりにひどい状態を憂い、留守中が心配だったため、オランダにいるイングリッドの両親に電話して、イングリッドと孫娘たちを実家に避難させる段取りをした。そしてワロージャに黙って、密かにイングリッドの荷物を少しずつヒデ自身の部屋に運んでパッキングを手伝い、人に頼んで空港まで送らせ、出国させた。さらに、ワロージャのパスポートを隠して、妻子のあとを追うことができないようにしたのだ。そうして自分自身も二度目の東京への旅に発ったのだが、ヒデはオリンピック気分に沸く東京にいても、気もそぞろだったかもしれない。

ヒデは日本から戻ったあと、ようやくワロージャに、「お前の探していたのはこれかい？」とパスポートを出してやった。母の企てに気づいたかどうかわからないが、ワロージャはあわてて航空券を用意し、アムステルダムに飛んでいった。イングリッドはアメリカへ戻りたくなかったのだが、実家の母が子供たちがうるさくて悲鳴を上げていたので、仕方なく夫に従うことにした。そのときはいったん元のさやに納まり、気分転換のためにと、ヒデがお金を出してイングリッドを美容師養成学校に通わせた。気性が明るく、活力のあるイングリッドとヒデはとても気が合ったようだ。ときにはヒデは自分の息子よりも彼女をかばった。ワロージャが浮気をしていたときには、「イングリッド、ワロージャの会社はあっちの方よ。でも彼はこっちから帰ってきたわよ」と、暗にそのことに気づかせようとした。結局、ワロージャとイングリッドは一九七四年に離婚することになったのだが、そのあとヒデは、終の棲家を求めて一九八三年にバンドゥンへ再移住するまでワロージャと一緒に住み、彼が親権を得て引き取った長女シャメーンの世話をし続けた。

ワロージャ，イングリッド夫妻と２人の子供．

アメリカで日々一緒に顔を合わせていたシュラやワロージャの妻たちはインド・ブランダだったので、インドネシア語が流暢だった。そしてその子供たちも祖母と親たちの会話を聞いていて、なんとなくカタコトのインドネシア語を身につけていたので、ヒデと何とか意思の疎通が可能だった。ワロージャ家の食卓では英語、インドネシア語、日本語が飛び交い、孫たちは混乱したので、シャメーンが幼稚園のとき、母親のイングリッドは先生に呼び出されて、何カ国語も混ぜて使うのは子供の言語能力発達上良くないので、やめてほしいと注意されたことがあったそうだ。

ヴェラとロビー、アメリカへ

そのようななかで、ヴェラもオルガも最終的には日本を去ってアメリカへ移ることになった。オルガの場合は、一九六七年に米軍の軍属である夫ニシカワの転勤で彼の出身地ハワイへ移動したのであるが、ヴェラ親子は、一足先に一九六五年にアメリカへ移り、ヒデたちとカリフォルニアで合流することになった。女手一つで息子を育てているヴェラのことを親族全員が案じ、母親や兄弟たちが集まっているアメリカへの移住を勧めるようになったのである。バンドゥンにいる父ニコライも、リリー夫妻も、ヴェラ親子のアメリカ移住を勧め、そのための準備をしていたようだ。

彼らはそのために、ピート・ドゥ・ラードという旧知のオランダ人とヴェラを結婚させることを考えた。実は、一九六四年七月一三日付で父ニコライがヴェラに書いた手紙のなかで、彼は次のように記している。つまり、リリーの夫シディックが、イタリアへ行ってエレナに、またオランダでオレッグ一家やキラ一家に、さらにアメリカに渡ってカリフォルニアでシュラとワロージャに会って相談したのちにハワイへ足を運んで、当時そこに住んでいたピートと会い、ヴェラとの結婚のことを話したというのである。つまりニコライもリリー夫妻も、ヴェラがこのピートという男性と結婚してアメリカへ渡るという方法を模索していたようなのだ。「お前は一人の男性と結婚したら他の男性と一緒になってはいけないと思っているのか？……結婚するという意思をピート君ならびに私宛に書いて知らせておくれ……。ピートはいい人だ。彼にたくさんの希望を与えてほしい」と結んでいる。ニコライは、アメリカへ移民するための偽装結婚ではなく、娘が本当にピートと結婚することを望んでいるようだった。

このピートなる人物がどういう人だったのか詳しくはわからないが、もともとインドネシアに住んでいたオランダ系の男性のようだ。グラーヴェ家とは家族ぐるみで付き合いがあり、ワロージャによれば、自分よりはずっと年上だけれど、インドネシアにいたころは遊び友だちでもあったという。

ヴェラは結局、父やリリー夫妻の助言を受け入れ、アメリカ行きを決意してピート・ドゥ・ラードと結婚することにした。そして籍も入れたのち、一九六四年一〇月二三日付でラード夫人としての新しいパスポートを取得した。一九五九年にインドネシア行きのために取ったパスポートと同じように、今回も一次旅券で、目的地はアメリカに限定されているが、その目的は、「右の者は日本国民であって、永住のため第十一頁記載の諸国〔具体的にはアメリカ合衆国と記載されている〕へ赴くから通路故障なく旅行させ且つ必要な保護扶助を与えられるよう、その筋の諸官に要請する」と記されている。そして所持者の名前は「ラーツ《〔ママ〕》・ヴェラー」となっている。

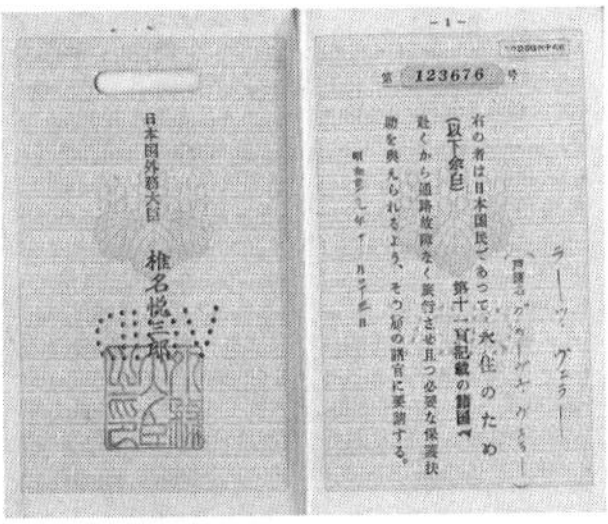

1965年のヴェラのパスポート.

日本まで迎えにきたピートと一緒に、ヴェラは一九六五年二月、このパスポートを持ち、ロビーも連れて三人でJALで羽田を出発することになった。その出発は、どうやら最終段階になってバタバタと決まったようだ。というのは、一九六五年初め、中学卒業を控えたロビーは日本で高校受験をしているのだ。現にいくつかの私立高校の合格通知をもらい、伯母のオルガが入学金まで払い込んでくれて、あとは第一志望の都立高校を受けるばかりだったという。ヴェラは前年にピートと結婚してパスポートを取ったときからアメリカ行きを準備していたはずであるが、その一方で、ロビーが高校受験をしたというのは、渡航前から申請していたグリーン・カードがいつ取得できるかわからず、渡航日が決定できなかったからであったらしい。結局は高校入学前に手続きが完了して、一九六五年二月に日本を離れることになった。

ヴェラとロビーは、ピートとともに、彼が以前から住んでいたハワイに二月二七日に到着。しかし、JAL機内でヴェラが書いた入国カード(I‐94)の控えには、アメリカでの住所は、母ヒデ、シュラやワロージャの住むカリフォルニアのサンノゼとなっていた。とりあえずハワイへ入国して、いずれはサンノゼに移るつもりだったようだ。実際三カ月ほどハワイに住んで、やがてヴェラ親子はピートと別れ、カリフォルニアのサンノゼへ移った。ヴェラは弟のシュラやワロージャとは、一九四六年にバンドゥンを出てからおよそ二〇年ぶりに再会した。ヴェラ親子は、当時ヒデが住んでいたシュラ

20年住みなれた日本を去るオルガ(平井道子氏提供).

ハワイに落ち着いたオルガの一家から送られた1967年のクリスマス・カード.

の家に居候することになった。

その後一九六七年には、オルガも夫ニシカワの転勤でハワイへ戻ってきた。ヴェラやロビーが渡米したのちも、オルガ一家は東大久保に住み続け、最後まで家主の中村一家や、お手伝いの宮館と親交を深めていた。宮館や中村道子はその後ハワイにも招かれて遊びに行ったそうだ。こうして九人の子供たちのうち四人がアメリカに集結したのだった。

ニコライの死

ヴェラとロビーがハワイに落ち着いて間もなく、一九六五年四月一二日にニコライが死亡した。インフルエンザによる突然の死で、八〇歳だった。いつか共産主義が崩壊して祖国ロシアへ帰ることを夢見て、「無国籍」のままで死んでいった。数年前に壊疽《えそ》を患って、片方の足を切断していた。前年の三月にヴェラの元へ届いた手紙によれば、オルガとエレナが日本から送ってくれた、血流をよくする薬のおかげで病気の進行を遅らせることができ、もう一つの足の切断は免れたが、完治することはないと述べていた。

1人だけインドネシアに残った娘リリーと過ごす晩年のニコライ.

一九二一年に日本を出てから四四年間ずっと、一歩もインドネシアの外へ出ようとしなかったニコライ。子供たちも一人、また一人とこの国を去り、インドネシア人となった末娘のリリーとその一家だけに囲まれて残りの人生を歩んでいたのだ。亡くなる前の年、一九六四年三月二五日付でヴェラの誕生日に送ったオランダ語の手紙には寂しさがあふれている。

誕生日おめでとう。ここには誕生祝いのカードを売っていないのでこの手紙を送る。お前にインドネシアへ来て欲しい。私のためのサプライズとして。来てくれればうれしい。……きっとロビーと一緒にオルガの家でお誕生日を祝ったことと思う。私の思いは東京にいる家族とともにある。返事を待っているよ。随分長い間ヴェラから手紙をもらっていないよ。多分パパのことを忘れちゃったんじゃないかな。

一方、一九六四年七月一三日付で自分の誕生日——最後となった誕生日——祝いのお礼に、同じくヴェラ宛に書いた手紙は次のように綴られている。

ヴェラとロビーから八〇歳の誕生日のお祝いの手紙ありがとう。近くの友だちと一緒に誕生日を祝った。ひと束一〇〇〇ルピアもする花をたくさんもらった。タルト・ケーキもたくさんもらった。これもまた一つ一〇〇〇ルピアする。しかしワインは一杯もない。音楽もなかった。パラマウント・スタディオの女優のようなリリーがいるだけ。

世界各地に散っていたヒデや子供たちにニコライの訃報が届いた。ヒデはサンノゼで、別れた夫の訃報を耳にした。家族の話によると、彼女は何の感情も示さなかったそうだ。ヴェラとロビーはハワイでこの訃報に接した。大のお父さん子だった東京のオルガは、その悲報を聞いて悲しみに泣き崩れた。神田のニコライ堂で慰霊祭をしてもらうための手配をし、子供たちをお手伝いの宮館に託したのち、ただちにビザを申請してジャカルタへ駆け付けた。そのときは三カ月くらいバンドゥンで過ごした。追悼ミサは、ジャカルタや東京以外でも、ミラノやアムステルダムなど、親族のいるあちこちのロシア正教会で執り行われた。

マンハッタンの北三〇キロにあるロシア正教会の修道院(ニュー・ディバイン・モネステリー New Divine Monastery)でも、友人たちが聞きつけて、トルストイ財団が主体となってミサを行ってくれた。そのため、家族のあいだではニコライとトルストイは知り合いであったと理解している。しかしトルストイは父の死後、一八四一年にニコライの生地であるカザンに住む叔母に引き取られ、一八四四年にカザン大学東洋学科に入学しているものの、その後はモスクワやサンクトペテルブルクへ移ったので、一八八四年生まれのニコライと接点があったとは考えにくい。ただトルストイ財団というのは、トルストイの末子が一九三九年にアメリカで創設したもので、当初の目的は、ロシアからの避難民を共産主義から救い出し、南北アメリカやヨーロッパでの定住を援助することだった。つまり亡命ロシア人の救済組織だったわけで、その意味でニコライと接点があったとしても不思議ではない。

ニコライの棺の横に立つリリーと3人の子供.

そして、ニューヨークにおけるニコライの追悼ミサに際しては、一九二八年から一九四〇年まで上海で出版されていた亡命ロシア人関係の雑誌の復刻版と思われるロシア語の冊子のなかに、英文で書かれたニコライ・グラーヴェの追悼文が挿入され配布された。またサンフランシスコで刊行されていた、亡命ロシア人のロシア語新聞『ロシアン・ライフ』にも死亡記事が掲載された。正確なことはわからないが、ただ一つ言えることは、ニコライは無国籍者としての生涯をバンドゥンで終えるまでずっと、世界各国の亡命ロシア人やその団体と連絡を取り合っていたらしいということである。

父が死んだときリリーは四人目の子供パンパンを妊娠中(八カ月)で、大きなお腹を抱えながら、けなげに葬儀の段取りを整えた。ニコライは、早世した息子コラが眠る墓の脇に葬られた。リリーは、このあと、身寄りがないためニコライと同居していたグラーヴェ家旧知のボディスコ夫人を引き取り、家に住まわせて最後まで看取った。面倒見の良いリリーとシディックの人柄を表すエピソードである。

九・三〇事件とスカルノの失脚

子供たちは一様に、「パパがあの事件の前に死んだのはせめてもの幸い……」と言う。「あの事件」とは、その年の一〇月一日未明突如発生し、インドネシアをその後数年間大混乱に陥れた九・三〇事件のことである。その日、陸軍トップの六人の将軍が大統領親衛隊に襲われて殺され、それ自体はすぐに鎮圧されたが、これは共産党が起こしたクーデターだと発表された。その後全国的な「赤狩り」が始まり、各地で住民が住民を襲って殺し合い、五〇万人とも一〇〇万人とも言われる人々が犠牲になった。

本当にその事件の背後に共産党がいたのかどうか現在では疑問視されているが、極度の共産主義嫌いだったニコライにとって、それは恐ろしい事件だったに違いない。ロシア革命のトラウマから抜け出せなかったこの帝政ロシアの将校は、それまでの数年間、だんだん強くなっていくインドネシアの共産党をすぐ近くに見て、非常な居心地の悪さを感じていたに違いない。それでも最後まで自分自身であえて選んだ「無国籍」というステータスのゆえに、どこへも逃げて行くことはできなかったのだろう。

さて、この事件の余波で、それまで絶大な人気を誇っていた建国の父スカルノは、共産党を擁護したとして非難され、終身大統領の地位を追われることになった。英雄の寂しい没落だった。スカルノの紹介で何度かダヌブラタ家にも足を運んでいたスカルノ大統領夫人ラトナ・サリ・デヴィは、出産を機に日本へ戻り、そのままインドネシアに戻って来られなくなってしまった。

スカルノと近かったダヌブラタ家にとってはうれしくない政治転換であった。ダヌブラタ家ももう少しで事件に巻き込まれるところで、ちょっと間違えれば、西ジャワ警察長官だったシディックの父は「失脚」していたかもしれない、とリリーは回顧する。というのは、彼はスカルノ時代末期に新たに創設された諜報組織の全国の長になることが有力視されていたところ、突然その職をスバンドリオ外相に奪われたからだ。共産党に近いと言われていた外相は、事件後逮捕され、死刑判決を受けた。途中で恩赦を受けて終身刑に減刑されたとはいえ、一九九八年にスハルトの失脚により釈放されるまで、獄中で三十数年間を過ごすことになったのである。

スカルノ派としてそれまで様々な恩恵を受けてきた人たちは一様に何らかのネガティブな影響を受け、その後はそれぞれに苦難の道を歩んだ。ビジネスマンであったシディックは、それまで大規模に請け負っていた食糧・砂糖その他の重要物資の取引に打撃を受けた。スハルト体制下で新たに設立された食糧庁（ブロック）という政府組織が直接流通を担当することになったためだ。シディックはほかにも手広く事業展開をしていたので、生活が変わるほどの経済的打撃は避けられたが、バンドゥンの社会での政治的影響力は減退せざるを得なかった。

世界を駆けめぐるヒデ

あちこちへ散っていった子供たちを遠くの空から思い起こすだけで、バンドゥンを一歩も出ようとしなかったニコライとは対照的に、ヒデは海を越えてあちこちを飛び回っていた。後述するように、一九六〇年代初めにヒデは日本に二回里帰りをしている。日本への里帰りは後にも先にもその二回だけであったが、多分それは、以後日本に子も孫もいなくなってしまったからであろう。しかしそれ以外の地域へは、子供や孫たちを訪ねてあちこち足を運んでいる。アメリカ移住後、一九六八年にはオランダへ行き、西イリアンから移っていたキラを訪ね、一八年ぶりの再会を果たしている。どうやらこの少し前にオレッグが家族全員を連れてカリフォルニアへ訪ねてきて、ヒデにオランダへ戻ることを勧めたらしい。このときヒデはかなり長い間オランダにいたようで、オレッグの家だけでなく、久々に再会するキラのマーストリヒトの家にも滞在した。西イリアンで生まれた孫のアーシャはちょうど一〇歳くらいで、母親のテレーサは第二子を妊娠中だった。どのくらいオランダに滞在したのか不明であるが、ヒデは結局またアメリカにいる子供たちのもとへ戻ってしまった。

オランダにはその後一九八一年にも再びやってきて、同じくマーストリヒトに滞在した。ヒデはアメリカへ渡ってからもオランダ国籍を維持し続けていたから、オランダでの長期の滞在も問題なかった。

もちろんヒデはインドネシアへも足を運んでいる。一九五八年に引き揚げという形であとにしてから、再びインドネシアに足を踏み入れたのは一九七〇年代初めのことであった。長く住んでいた国ではあるが、オランダ国籍となった今では、渡航のためにはリリーから招聘状を送ってもらって、ロサンジェルスのインドネシア総領事館に赴いて訪問ビザを取らねばならなかった。十数年ぶりに足を踏み入れたインドネシアは、ダヌブラタ家と親しかったスカルノ大統領は倒れ、政敵スハルト大統領のもとで急速な開発政策が導入され、世の中はすっかり変わっていた。感無量であった。

マーストリヒトのキラの家族を訪問したヒデ．1968 年．

ヒデ，マーストリヒトの目抜き通りでキラと．1981 年．

ニコライが死んだあと、一九六五年に生まれたリリーの末子パンパンは、おばあちゃんが侍の娘だと母から聞かされていたので、映画で見たサムライの姿をして飛行機から降りてくるものと思って待っていたという。

パンパンだけでなく、クリシュナ以外の子供はヒデとは初対面だった。オーマ（おばあちゃんという

チカワル農園を訪問したヒデ．左端は孫のレヴァナ．1970年代初め．

ダヌブラタ家の庭を散策するヒデ（後ろは孫のクリシュナ）．

ヒデとオレッグ親子．ポンペイ遺跡にて．

意味のオランダ語 oud mum の省略形）のお気に入りの孫は、カリフォルニアのワロージャの娘シャメーンだったと聞かされていたので、レヴァナは何度も何度も「オーマ、私のこと好き？」と聞いてヒデを当惑させたという。この時期リリーの家の庭で彼女の長男クリシュナと写した笑顔の写真がある。ヒデはもう七〇歳を過ぎてすっかり白髪であるが、久々にインドネシアへ戻って溌溂としている。この滞在時には久々に、リリー一家とともにすでに荒れ果てたチカワル農園を訪ねてみた。ヒデとしては真っ先に飛んでいきたかった思い出の場所だったのであろう。しかし残念なことに農園はすでになく、コーヒーやお茶の木も、そして以前住んでいた家も何も残ってはいなかった。そのとき農園でレヴァナと一緒に写っている写真が残っている。

かつて暮らしていた日本、オランダやインドネシアを再訪するだけでなく、エレナの住むイタリアにも何度も足を運んだようだ。アムステルダムのオレッグやその二人の息子と一緒にポンペイの遺跡で写した写真が残っている。一九四八年生まれのペーテルが一二歳くらいなので、この写真はアメリカ移住前、オランダに住んでいた時代のことかもしれない。しかしそれ以後も、しばしば一人でイタリアへ来た。オーマはあちこちにいる子供や孫たちと会うために、まさしく自由に飛び回っているという感じだったと孫たちは口をそろえる。

9 華麗に飛躍する孫たち

ヒデは一九四八年に初めての孫(長男オレッグの子)に恵まれてから、二二人の孫を授かった。その孫たちは、インドネシア、オランダ、アメリカ、イタリア、そして日本にも散らばって、それぞれに個性ある生き方をしてきた。住む場所や国籍はまちまちであるが、日本へ行き、日本人や日系アメリカ人と結婚したオルガとヴェラの子供、そして再婚したイタリア人とのあいだに生まれたエレナの子供を除き、多くの孫たちが実はインドネシアの血を引いている。他の子供たちは全員インドネシア人ないしはインド・ブランダを配偶者に持っているためである。この二二人の孫たちのなかで、国際的に活躍する何人かを紹介しよう。

ウラディーミル・ロベルト・グラーヴェ(ロビー)

その一人は、日本人の父の血を受け、日本で生まれ日本で育った、ヴェラの息子ロビーである。彼はヒデにとっては二番目の孫で、孫たちのなかで唯一今でも日本国籍を持っている。それなのに、両親の離婚後は母方のグラーヴェ姓を名乗り、ファースト・ネームもウラディーミルという純粋なロシア名を保持している。帝政ロシアの貴族であった父ニコライの出自に大きな誇りを持っていた母ヴェラの想いが込められているのだろう。ロビーは、両親が離婚してからは母の手一つで育てられ、幼少のころはいろいろと苦労を体験してきたことと思うが、前述のように日本の中学校を卒業すると同時に一九六五年、母ヴェラとともにアメリカへ移住し、それ以来ずっとカリフォルニアを拠点に活躍している。

アメリカへ移住当初、母とともにまずハワイに住み、そこで高校生活を始めた。日本で中学校を終えたばかりのロビーは、ホノルルの高校の一年生(一〇年生)に学年途中から入学した。いきなり英語の教育で、しかも一年目がもう半分以上過ぎたところでの途中入学だったが、何とかついていった。日系人が多いためにトーキョー・ハイスクールというあだ名のある高校だったので、文化的には適応しやすかったのかもしれない。

のちに母とともに、祖母ヒデ、叔父のシュラやワロージャが住むサンノゼの家に転がり込んで、九月からサンノゼの高校の一一年生に編入した。一〇年生も十分やっていなかったわけであるから、もう一度一〇年生を繰り返した方がよいのでは、と周囲は勧めたが、ロビーは、サマースクールに出席して不足を補い、一一年に進んだ。日本の小中学校で教育を受けたロビーにとって、高校生活は最初はどんなにかたいへんだったろうと思うが、瞬く間に英語もマスターした。

高校在学の途中から、祖母たちの家から独立して母と二人で住むようになったが、そのころが経済的に一番苦しい時期だったと述懐している。母ヴェラは、日本にいたころは、その特殊な立場や身につけた語学力を活用して、オランダ大使館や日本の機動隊などで効率の良い仕事を得ることができたが、アメリカではウエイトレスなどをしながら生活を支えるしかなかった。経済的に苦しい母親をサポートするためにロビーは、ロシア正教会で、イベントのあと皿洗いのアルバイトなどをした。母のヴェラは、いつも自分がロシアの血を引いていることを意識して、行った先々でロシア正教会とのつながりを続けていたのだった。

一九六七年には高校を卒業し、カリフォルニア大学バークレー校のハース・ビジネス・スクール(Haas School of Business)に進み、親元から離れて奨学金とアルバイトで勉学を続けた(第Ⅲ部扉参照)。最初の一年は寮生活を送ったが、二年目からはオークランドの著名な弁護士の家に書生として住み込んで、毎週一五時間ずつ家の手伝いなどをする代わりに、食住を提供された。この弁護士とは良好な関係を築き、のちにロビーが独立して会社を作ってからはその顧問弁護士として彼を支えてくれている。人間関係や出会いを常に大切にし、それが成功につながっていったロビーの一面を示すものである。

一九七二年に卒業したが、そのとき、母のヴェラは有頂天で、これから社会人になるんだからと、ロビーに社交ダンスの手ほどきをした。また、ご褒美に航空券を買ってくれて、七年ぶりに日本を訪れ、東大久保のかつての家主中村家に泊めてもらったり、高松の堀江元大佐宅を訪ねたりして旧交を温めた。

帰国後アメリカの食肉会社に勤務したが、一九七五年に独立して、わずか二六歳の若さで、日本の取引先からも援助を受けて、食肉の日本への輸出を始めた。最初はアパートの一室にタイプライターとテレックスを持ち込んで、一人でオーリツ・コーポレションという会社を立ち上げ、こつこつと働いた。そして、それから一年も経たないうちに、サンフランシスコの南方三〇キロのサンマテオに自分の家を購入し、母とともに移り住んだ。

ロビーは、日本人の肉の摂取量があまりに少ないのは価格のせいであると考え、価格の安いアメリカからの肉の供給を考えたのである。しかも日本人ならではの商習慣や嗜好に精通しているという利点をうまく使えないものかと考えていた。最初は日本よりも安い鶏肉を日本人の好みや習慣に合うようにパッキングして輸出し、これが受けた。のちにバークレー校の同窓会会誌で大きく紹介されたとき、彼は「日本とアメリカでは鶏肉の解体方法が大きく違っているし、調理温度も日本のほうが高温なんです。日本では小さめのパッキングの方が需要が多いのですが、当時、アメリカ国内で日本向けのパッキングをする解体業者はいませんでした。ですからこのプロジェクトは革新的なスタートだったんです」と語っている。ロビーは、日本のある雑誌の取材に答えて「日米間に〝認識の相違〟があるからビジネスになる」と語っている。その後牛肉、豚肉部門にも事業を拡大した。

和服姿で自宅の庭園前に座るロビー(バークレー校同窓会会誌より．2007年)．

一九七九年に日本に立ち寄った際、在日アメリカ大使館の食肉部門で働いていた山下淑子と出会い、ひとめぼれして強引にその両親に結婚を申し込み、一週間で同意を得たという。自分がこれぞと思ったことには猪突猛進するという驚くべき行動力である。

翌年、カリフォルニアの教会で式を挙げ、披露宴も行ったが、淑子はもちろんのこと、ロビーも日本に数多くの友人たちがいたので、さらに東京でも、ホテルオークラで一三〇人を招待する豪華な披露宴を行った。日本軍政時代バンドゥンの陸輸総局で人事課長をしていて、父佐々木一男の上司であり、グラーヴェ一家とも親しかった井上正忠も駆け付けて、乾杯の音頭を取ってくれた。彼は京王帝都電鉄(現在は京王電鉄)創業者の孫で、その当時第四代社長という要職にある人物だった。ロビーは、ホテルオークラにもアメリカの肉を納入していたことから、著名なフランス料理のシェフで、当時はこのホテルの総料理長をしていた小野正吉とも親しかったため、彼が自ら腕を振るって調理してくれたそうである。若くしてロビーはこのような錚々たる人々のあいだで人脈を築いていたのであった。ヒデは、アメリカでの披露宴にだけ出席した。

ロビーの結婚式．右端ヒデ，左端ヴェラ，後方はシュラ(右)とワロージャ(左)．

一九八三年には弱冠三四歳で、サンフランシスコ郊外のバーリンゲーム(Burlingame)に五階建ての自社ビルを購入し、そこに会社を移した。イランのパーレビ国王の兄弟が建てたビルで、一九七九年のイラン革命以来空き家になっていたものである。一階にはそのころの優雅な王族の生活を思わせる大きな暖炉がある。

ロビーは日本への食肉輸出で大成功をおさめ、年商二億ドルを超えるビジネス展開をしていたが、その後さらに事業を拡大し、ハワイのマカデミアナッツ・チョコレート製造会社の買収にも成功した。またサンフランシスコのベイエリアに「Juban(十番)」という焼き肉店をオープンし、客が自分のテ

ロビーが暮らす大邸宅.

ーブルで肉をグリルしながら食べるという方式を導入して大成功した。さらに、アメリカと日本のあいだで相互の贈り物を代送するサービスを始めて、これも当たった。たとえばアメリカ在住の日本人が、フルーツなどアメリカの美味しい食品・食材を、季節ごとに日本の家族、友人たちに贈る宅配サービスである。海外に勤務していても盆暮れにお中元やお歳暮を日本へ発送してくれる代行サービス、しかもアメリカから直送で珍しい美食を届けてくれるこのサービスは、駐在員たちにとっては実にありがたかったのである。同じように日本の味をアメリカの家族、友人たちへ届けるサービスもしている。ネット販売などがまだなかった時代、この便利な商法はどんどん拡大して、今は日本人だけでなくいろいろな人々に利用されている。日本の習慣を知っているロビーだからこそ考え付いたアイディアである。このサービスは、二〇二〇年からのコロナ禍でも、いや海を越えて人々が行き来することが難しくなったコロナ禍のなかだからこそ、いっそう需要が大きく、拡大していった。

またサンフランシスコ郊外の最高級住宅地アザートン(Atherton)に三年かけて八〇〇〇平米ものプール付きの大邸宅を建て、日本庭園もつくって日本を愛でている。アザートンは人口約七〇〇〇人であり、アメリカで一人当たり国民所得のもっとも高い街、つまり誰もが憧れる「セレブの街」の一つとして知られるところで、ロビーの家の近くにはＩＴ関係のＣＥＯや他の著名人の家が並んでいる。広大なお城のようなバンドゥンのダヌブラタ家の大邸宅に勝るとも劣らない豪邸である。一角にある日本庭園は、毎年日本から植木屋を呼び寄せて手入れしている。ヴェラも最後はこの豪邸の離れに住んで、ロビーと淑子とのあいだに生まれた三人の孫娘たちに囲まれ、穏やかな老後を過ごした（第Ⅲ部扉参照）。

ヒデは、どの孫たちともいろいろ工夫してなんとか心を通わせていたのであるが、生まれも育ちも日本のロビーとの会話は格別であった。まったく完全な日本語で心を通わせることのできる唯一の相手だった。それでもヒデの日本語はさびついていて時々おかしく、ロビーが「オーマそれおかしいよ」とからかうと、ヒデは必死になって怒るのだった。

ロビーは、日本とアメリカを繋ぐビジネスをしていたので頻繁に来日し、父佐々木一男やその妹たちとも親交を持ち続けた。また幼少期にかわいがってもらったニシカワ家のお手伝いや、家主の娘中村道子一家などとの親交を温めている。成功して百万長者になっても昔の恩を忘れず、心を配る彼のなかには、仁義、恩、義理などという日本人としての心が誰よりも強く根付いているようだ。

スカルノ家に嫁いだレヴァナ

インドネシア人と結婚しバンドゥンに住み続けたリリーの娘レヴァナは、成人してからドラマチックな、しかし悲劇的な人生を歩むことになった。母リリーもかつて「ミス・インドネシア」に選ばれた絶世の美女であったが、インドネシアが半分、そしてロシアと日本の血を四分の一ずつ受け継いだこの娘もまた、バンドゥンでも評判の美人であった。そして一九八一年一〇月にスカルノ元大統領の息子タウファンと結婚し、バンドゥンのマスコミを騒がせた。

スカルノは三人の妻から子供を得ている。もっとも有名なのは、最初の妻ファトマワティから生まれた長女で、のちに第五代大統領(二〇〇一―二〇〇四年)になったメガワティ・スカルノプートリであろう。スハルト独裁政権が一九九八年に倒れたのち、父の恨みを晴らさんと、民主化のなかで大統領に上りつめた。メガワティには、母を同じくする兄弟姉妹が他に四人いる。

次いで、第二夫人ハルティニから二人の男子が生まれた。その一人がタウファンである。さらに最後に、スカルノが大統領としての実権を奪われたのちの一九六七年に、第三夫人のデヴィが女児を出産した。カリーナである。

リリーの娘レヴァナとタウファンの出会いは、ダヌブラタ家とは前々から交際のあったタウファンの母ハルティニが、シディックの甥の割礼式に参列したとき、レヴァナを見かけてその美しさにほれ込み、ぜひタウファンの嫁にと、リリーに頼みこんだのが始まりだそうだ。しかしその当時まだ高校生だった二人の結婚は先に延ばされ、タウファンがバンドゥン工科大学を卒業すると同時に、一九八一年一〇月ようやく婚礼の宴がとり行われた。

実は、一九五四年にスカルノが第一夫人ファトマワティの意に反して、ハルティニを第二夫人に迎えようとしたとき、一夫多妻に反対するシディックの母、つまりレヴァナの父方の祖母は、ナスティオン将軍夫人やその他の政府高官の妻たちとともに、その反対運動の先頭に立ったことがあった。最終的に大多数の高官の妻たちは折れて、その結婚を受け入れていたが、シディックの母は最後までスカルノを許さなかった。そういうしこりがあったため、最初は孫のレヴァナが、そのハルティニ夫人の息子と結婚するということには大きな抵抗があったのだが、最後はようやく認めてくれた。

タウファンからの正式な結婚の申し込みのために、長兄であるスカルノの第一子、つまりファトマワティ夫人の長男グントゥルが、父親代わりにダヌブラタ家にやってきた。グントゥルの姿を見たとき、生前のスカルノを知るリリーは、この息子があまりにも父親にそっくりの雰囲気でカリスマを持っているので驚いたという。

バンドゥンで著名な名門の娘であり、元ミス・インドネシアの母親から生まれた絶世の美人が、スカルノ大統領の息子と結婚するというのは、インドネシアでは新聞や週刊誌を騒がす格好の話題だった。一九六五年の九・三〇事件で失脚し、その後一九七〇年に自宅軟禁状態で寂しくこの世を去っていったとはいえ、スカルノは誰もが認める建国の父である。ひそかに慕う人も多く、またその悲劇的な最後のゆえに同情を集めていた。あとに続いたスハルトが独裁的な権威主義体制を確立し、言論の自由も奪われていたこの時期、スカルノ家の華麗な婚礼は、国民の関心の的となった。多くのメディアが取材して世の中の関心を煽ったので、スハルトは側近を通じて国営通信社アンタラの社長を呼び出して、「なぜそんなに大袈裟に報道するのか?」と警告を発したという。

リリーの推測では、スカルノ家に対するこのような国民の関心の大きさに不安を感じ、そこからスハルトの警戒心が始まったという。とりわけスハルトはスカルノの長男グントゥルが政界に出て来ることを警戒し、周辺に抱えていた超能力者(ドゥクン)に命じて密かに薬(グナグナ)を盛らせ、その結果グントゥルは、病気がちになったり、自動車事故に遭ったりして、政界進出はできなくなったのだと彼女は信じている。

一九八一年一〇月、ダヌブラタ邸で大きな婚礼の宴が開かれたときは、ヒデもアメリカから駆け付けた。一九七〇年代には亡命のようなかたちでパリに住んでいたデヴィ夫人も、このころパリから戻

レヴァナとタウファンの結婚式に参列した親族の集合写真．左からグントゥル・スカルノ（スカルノ大統領の長男．第一夫人ファトマワティの子），エノッホ・ダヌブラタ（シディックの父．リリーの義父），ヘニ・グントゥル・スカルノ（グントゥル夫人），ラトナ・サリ・デヴィ（デヴィ夫人），シディック・ダヌブラタ（リリーの夫．花嫁の父），リリー，レヴァナ（花嫁），タウファン・スカルノ（花婿），エノッホ・ダヌブラタ夫人（シディックの母），カルティカ・サリ・スカルノ（カリーナ．スカルノとデヴィの子），ハルティニ・スカルノ（スカルノの第二夫人，花婿の母），メガワティ・スカルノプトリ（スカルノの長女．のちに第５代大統領），タウフィック・キマス（メガワティの夫），グル・スカルノ（スカルノの次男．第一夫人ファトマワティの子）．

ってジャカルタで生活を始めており、娘のカリーナを伴ってこの「義理の息子」の婚礼に出席した。デヴィ夫人は、いがみ合っていたハルティニ夫人と一九七〇年のスカルノの葬儀の際に初めて言葉を交わし、少しずつわだかまりが解けていたところだった。もちろんグントゥルやメガワティなど第一夫人の子供たちも結婚式には参列した。

前述したように、昔リリーを訪ねてバンドゥンに来たとき、デヴィはまだ幼いレヴァナを見て、自分の養女にほしいと言ったことがあったが、その娘が今自分の親族になろうとしているという運命の不思議さを感じずにはいられなかっただろう。さらにスカルノ家に、カリーナに加えて

レヴァナ(右)とメガワティ(バンドゥンのリリー宅にて)．1996年．

グントゥル(前列左端)とデヴィ夫人．

ヒデとあいさつを交わすデヴィ夫人とカリーナ(右端)．

日本の血が混ざることも歓迎していたのかもしれない。

結婚後まもなく、タウファンとレヴァナはカリフォルニア州立大学ロングビーチ校に留学するためカリフォルニアに向かった。レヴァナにとってカリフォルニアは、祖母ヒデもいたし、たくさんの伯父、伯母やいとこたちが住む地である。その前年に結婚したばかりのロビーとその日本人妻淑子とも親しく交わった。

ところが幸せは長く続かなかった。卒業を前にしてタウファンが留学先で突然激しく出血し、診察を受けたところ、なんと末期の前立腺がんで、全身に転移しているということだった。一九八五年末のことである。インドネシアの保健省から医師が派遣されてきて、立会いのもとで手術が行われたが、すでに手遅れでどうにもならなかった。タウファンとレヴァナはただちにアメリカをあとにした。しかし、インドネシアに戻ったものの、タウファンは翌年一月に命尽きてしまった。祖母のヒデが亡くなる半年前のことで、レヴァナにとってはつらい一年だった。

葬儀にはデヴィも駆け付け、開口一番「どうしてもっと早く子供をつくっておかなかったの！」と叫んだそうだ。夫スカルノには先立たれたが、彼の人生の末期に奇跡的に娘カリーナを授かり、その忘れ形見の成長を楽しみにその後の人生を生きてきたデヴィの、心からの言葉だったのであろう。

レヴァナには、幸い戻ることができる実家があった。その後もレヴァナは、名前の末尾に「スカルノ」を付け、スカルノ一族との交流を続けている。特にタウファンの異母兄であるスカルノの長男グントゥルとは親しくしていて、何かにつけて彼を頼っているという。また実妹と仲たがいしているメガワティは、むしろ異母弟の妻レヴァナを妹のように感じているという。

もともとシディックの両親はスカルノとは同志のような関係で、両家はつながりが強かったことを考えれば不思議なことではない。そして二〇〇二年にメガワティが大統領になったときは、レヴァナの兄クリシュナが呼ばれて、ボゴールやバトゥ・トゥリスの宮殿のインテリアを頼まれたそうだ。レヴァナの結婚式のときの素晴らしいデコレーションを見て、メガワティはクリシュナのセンスに目をつけていたのだという。

アーシャ夫妻とテレーサ．2010 年ころ．

若くして夫を亡くしたレヴァナは、再婚することもなく、今でも母リリーとともにバンドゥンで暮らしている。

今もインドネシアとつながる孫たち

外国で育った孫のうち何人かは、成人してインドネシアと結びつきを持

イヴォンヌ夫妻.

ち始め、近年頻繁にインドネシアに足を踏み入れている。その一人は、西イリアンでの勤務に就いていた三男キラの子として、一九五九年にビアクで生まれたアーシャである。幼いときオランダに移住し、オランダで育った彼は、一九九〇年に三〇歳のとき初めてインドネシアへ行ってからこの国に魅せられてしまい、その後アラブ系イスラーム教徒のインドネシア女性と結婚している。やがて六〇歳になると、インドネシアで高齢の外国人に付与されるランシア・ビザを取得してインドネシアへの移住を決めた。そして二〇二一年春からは、ジャカルタ市郊外のタンゲランに住宅を購入して新生活を計画している。

もう一人インドネシアとの太いつながりを持つ孫は、エレナの娘でインドネシア生まれのイヴォンヌである。彼女は、母がイタリア人と再婚したため一九六〇年にイタリアへ渡り、成人してからは華やかなファッション業界で働いてきた。また、イタリアからインドネシアへの投資を誘致する仕事を、ダヌブラタ家の次男ユラと進めていて、インドネシアへは年に何度も足を運んでいた。

そのようなとき、ユラの姉レヴァナの紹介で、当時は万年野党の政治家だったメガワティと出会った。インドネシア生まれのイヴォンヌは、「将来私が結婚することがあったらこの国で式を挙げたいので、証人になってください」と頼み込んだところ、メガワティは気軽に了解してくれた。やがて二〇〇一年、イヴォンヌはイタリアの男爵と結婚することになった。そのときすでにメガワティは大統領になっていたのであるが、律儀に約束を守り、レヴァナとともに証人役を務めてくれた。披露宴も彼女の臨席のもと、盛大に行われた。

「プラダ・ジャパン」の創設者になったロベルト

そのイヴォンヌの父親違いの弟ロベルトは、インドネシアではなく、日本で華々しい活躍をしている。彼は一九六〇年にインドネシアで生まれたのち、赤ん坊のうちに両親とともにイタリアへ移り、ミラノで育った。彼の目から見ると日本的な要素をとても強く受け継いでいた母親エレナの影響で、彼は自分が日本の血を引いていることをいつも意識していた。一二歳のとき母に連れられて日本を訪れたこともあって、日本に魅せられ、日本語に対しても強い関心を持っていた。イタリア人を父に持ち、赤ん坊のときからイタリア育ちだったため、ヒデとのコミュニケーションに際して、他の孫たちのように彼女の解するインドネシア語ができなかったので、共通の言語がなくて、たどたどしい英語で会話するしかなかったという。それでいっそう日本語習得の願望があったのかもしれない。

成人し、社会人になっていたある日、ミラノに本社を置くイタリアのファッション・ブランド、プラダ社が、日本に支社を創設したいということで、その任務を遂行する適任者を探していた。ロベルトはそれまでファッション業界とは無縁の仕事をしていたが、それに飛びつき、同社も彼を気に入ってポストをオファーし、一九九一年日本へ派遣した。それから三年間、バブルがはじけたとはいえまだ十分景気がよく、高所得でブランド志向の強い若者が多い日本で、この新しいイタリア・ブランドを広めるのに大きな苦労はなかった。青山に開設したオフィスをベースに、プラダは順調にその存在を日本社会に広めていった。

駐在が終わってからも、そしてその後プラダを辞めて別のファッション会社に移ってからも、彼は

函館の旅館でくつろぐロベルト夫妻.

日本との関係を強固に維持し、現在に至るまで年に二、三回は来日するという生活を続けている。

そして二〇一八年には妻も誘って念願の函館へ足を運び、祖父母が式を挙げたハリストス正教会を訪れた。そのとき彼自身が写した教会の写真を第1章(七頁)に掲載した。厳密に言うとその少し前に、大学のプログラムで一年間の海外での研修を義務づけられていた彼の息子、ヒデから見れば曽孫にあたる青年が日本での研修を選び、その期間中に、父よりも一足先に函館を訪れていた。それまでグラーヴェ一家の誰も函館を訪れる機会がなかったなかで、この父子だけが函館の地を踏んだのだ。親戚も残っていないし、おそらくロシア正教会以外には何の手がかりもないため、誰も行ってみようとしなかったのである。

実はロベルトは、祖父ニコライのゆかりの地にも足を運んでいる。サンクトペテルブルクにグラーヴェ家が所有し、ニコライが軍学校に通っていたころ住んでいた家も訪ねたのである。その家は、今は中国領事館になっている。

このように多くの孫が、いかにもヒデの血筋をうけた者らしく華々しく国を越えて飛躍し、成功を収めている。

IV

女王が眠るところ

バンドゥンのレストランでふみこ・ムルヤルトと.

10 四〇年ぶりの日本

日本で生まれ、インドネシアに移住し、さらにそこからオランダ、アメリカへと再移住したヒデは、人生の終盤に近づいてくるにつれ、自分はなにものなのか、そしてどこでどのようにしてこの生涯を終えるべきかを考えるようになったようだ。各国に居住した年月で言えば、日本は生まれてからの約二〇年、インドネシアは壮年期の四〇年弱、オランダとアメリカは、老年期の約二〇年に及んだ。ヒデはオランダへ移住する際に偽装結婚で獲得したオランダ国籍を最後まで保持していたが、この国にはほとんど愛着がなかった。最後のカリフォルニアでの生活は、近隣に住む子供たちの家族に囲まれ、何一つ不自由のないものだったが、それでも歳を取るとともに、自分は決してその社会の一員ではないという「よそ者意識」が強まってきていた。

多くの人間は、やはり自分が生を受けた地を最終的には祖国と考えるものではないかと思う。ところが、彼女の生涯を振り返ってみると、老後、他の国々へは頻繁に一人旅を続けていたのに、この「祖国」を訪れたのは、八四年の生涯のなかでわずか二回、しかも娘たちに誘われて、チケットもあてがわれての「帰国」だった。それもオルガとヴェラという二人の娘がまだ住んでいた時代のことで、祖国に「帰る」というよりは、あくまで娘や孫の顔を見に「訪問した」という感じであった。ここで少し、その一九六〇年代の二回の日本訪問のことを詳しく記してみよう。

日本に嫁いだ娘や孫たちとの対面

初めての里帰りは、一九六一年、アメリカからの渡航だった。リリー夫妻がシディックの仕事でバンドゥンから東京へ行くことになり、シディックが「そうだ、ママもアメリカから呼んであげたら?」と、アメリカからの航空券を送ってくれたのだった。ニコライとともに逃げるように国を出てから、なんと四〇年ぶりの里帰りだった。

招待を受けてヒデは、行き違いでインドネシアを去る前に会えなかったヴェラや、まだ静岡で存命の姉や妹にも会えると期待し、カリフォルニアから一人で駆け付けた。アメリカ国籍を持つオルガは、まだヒデたちがいるあいだにバンドゥンを訪問していたから、すでに再会を果たしていたが、ヴェラとは、終戦後の混乱のなかで引揚船に乗せて送り出して以来初めての、一五年ぶりの対面であった。また三人の孫、つまりヴェラの息子ロビー、オルガの息子、シュラとニッキーに会うのは初めてだった。

ロビーは、初めてオーマと会った時、髪の毛を紫に染めて、大きなサングラスをかけ、日本人離れしたこの祖母に度肝を抜かれたという。ヒデは、日本語が自由に通じるこの孫たちとの会話を楽しんだ。とりわけ、日本人として日本の学校で教育されていたロビーとは、心が通じ合った。

三輪家の姉妹、そして堀江元大佐との再会

二人の娘や孫たちとの再会のほかに、函館の姉や妹との四〇年ぶりの再会も果たした。とはいっても函館まで足を運んだわけではない。その当時、ヒデの実家の家族はもう誰も函館にはおらず、もっとも近い親族である父親違いの姉、茅森タツと、同じ三輪家で生まれた妹コマは、静岡県の興津に住んでいた。しかし生母タキは、その六年前に興津で他界し、函館の高龍寺の茅森家の墓に葬られていた。

タツは、ヒデの母親タキが三輪家に嫁ぐ前に産んだ娘であるが、両親の離婚後母親に引き取られ、母親の旧姓茅森を名乗った。その後母親は三輪持《たもつ》との再婚に際してタツを連れて行ったので、タツは、ヒデたちと一緒に育てられた。その後結婚し、邦夫という息子を授かったが、やがて離婚して再び茅森姓に戻った。そして息子を連れて函館に戻り、持《たもつ》と死に別れた後の母タキのもとに身を寄せていたのだった。一九三三年に函館日日新聞がチカワルの農園でヒデを取材したとき、ヒデの「実家」として紹介された函館市谷地頭の家である。その後、成人した邦夫が漁業関係の仕事で静岡県の興津に移ることになったため、タツは、老母タキも連れて息子に従った。

ヒデの八歳年下の実妹コマは、結婚して樺太へ行き、二人の息子を生んだが離婚し、息子の一人ヒロシを連れて、タキや姉タツの住む静岡に合流し、清水に住んだ。ヒロシはやくざの世界に足を踏み入れ、そのためコマは常に心痛が絶えなかったようだ。ヴェラがその従弟のことを「清水の次郎長」と呼んでいたのをロビーは覚えている。

そのようないきさつで、興津はヒデにとっての実質的な実家になっていた。オルガやヴェラが日本

へ来た当初から「興津のおばちゃん」と呼んで母の二人の姉妹に親しみ、この地にしばしば足を運んだのもうなずけることである。またそのころは祖母のタキにも会うことができ、右頬に大きなたんこぶがあったので「たんこぶおばさん」と呼んでいた。生前にオルガやヴェラ、そして孫たちがタキに会うことができたのは、せめてもの幸いだった。

その一方で、函館にはもうほとんど親戚は残っていなかった。函館の生家はすでに人手に渡っていたし、三輪家の跡を継いだ長兄の隆庸はその後釧路へ移り、一九四三年にその地で死んでいる。また次男の文庸も、同じころ樺太で戦死している。ちなみにヒデには父も母も同じくするもう一人の妹ツネがいたが、この妹も離婚を経験したのち函館で寂しく亡くなっていた。ヒデの甥にあたる隆庸の長男の庸一は、一九四三年五月に父の死によって家督を相続した。そのとき函館市船場町二八番地に庸一を戸主とする戸籍を作成し、そのなかにはタキ(庸一にとっては祖母)、ヒデ(叔母)、コマ(叔母)も入っていた。当時は大家族制であるから、未婚の女性は、父親が亡くなったあとは兄弟や甥などの戸籍に入れられるのであった。

興津の茅森家で．左からタツ，ロビー，ヴェラ，タキ．1954 年ころ．

ヒデは四〇年前ニコライとの結婚に際し、どうやら戸籍上の手続きをしていなかったらしい。戦後もずっと彼女の戸籍は三輪家に残っていた。甥の庸一は戦争中から東京へ出てきて、終戦後は連合国軍の通訳として働き、戸籍を函館から東京都目黒区下目黒へ移したが、引き続きヒデたちもそこに入っていた。

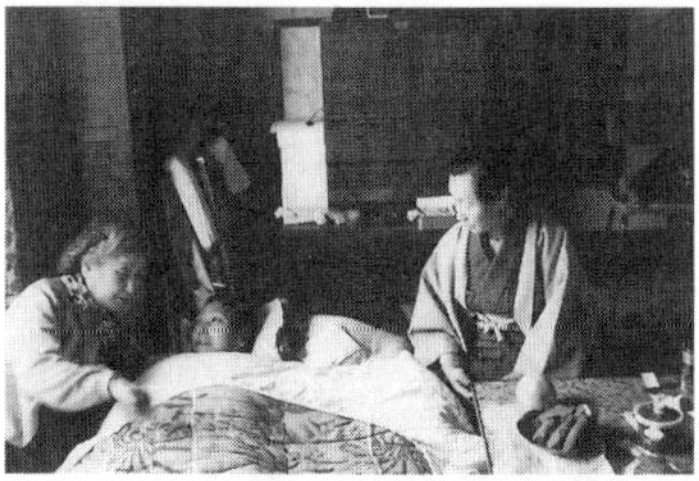

病床のコマと対面.

若き日のコマと母親タキ.
1927年.

しかし、戦後の民主化で家族制度は崩壊し、新戸籍法では、戸籍は「一の夫婦及びこれと氏を同じくする子ごとに、これを編製する」と定められた。つまりヒデの戸籍は、甥の庸一の戸籍から抜いて独立させなければならなくなった。誰がどういう経緯でその手続きをしたのかは不明であるが、ようやく一九五九年になって、ヒデは、東京都目黒区の甥の戸籍から独立させて、同じ本籍地に自分一人の戸籍を編製している。

話はそれたが、その間ヒデは三輪家の「本家」とはほとんど連絡を取り合っていなかったようである。庸一の息子三輪隆至(三輪持から見れば曽孫)によれば、一九六一年の里帰りの際にヒデは、まだ目黒に住んでいたはずの甥庸一や、その他たくさんいた甥や姪たちにはまったく会わなかったようだ。ヒデは父親や母親の墓参りに函館に足を運ぶこともしていないのである。

興津へはオルガの夫ニシカワが車を運転して連れて行ってくれた。ヒデは妹たちに自分が行くことをあえて知らせないで、サプライズにしようとした。突然訪ねて行って、「姉さん、コマチャン、ヒデよ！」と近寄ると、姉も妹もあっけにとられていた。長く病床にあった実妹のコマは、しばらくして気を取り直し「お姉ちゃんが函館からいなくなって、私は函館一の美人になれたのよ」と冗談を言って、皆を笑わせた。本当にその美貌が評判だったこの妹は、発作の後遺症ですでに長い間病床にあったのだった。

まだ五歳だったタツの孫茅森久美子は、興津の家にヒデが訪ねてきたときのことをよく覚えており、「服装も派手な外国人みたいなおばちゃんにいきなりハグされて戸惑ってしまった」と語った。茅森家ではヒデのことを「アメリカのおばちゃん」と呼んでいた。それまでにも茅森家には、オルガやヴェラが時々訪ねてきている。ヴェラの夫だった佐々木も、ロビーも交えて三人で興津へ行ったことがあった。茅森家では、彼らが来るたびに珍しいお土産を持ってきてくれるので、興味津々だった。久美子が初めてコカコーラというものを飲んだのも、オルガからお土産にもらったからであったし、当時あまり手に入らなかったチーズなども持ってきてもらった。

タツは、このヒデの里帰り中、息子邦夫夫婦も伴って一緒に東京へ出て、何日か一緒に過ごしている。

ヒデの来日を知らされて、まだ高松で健在だった堀江三鹿喜元大佐も駆けつけてきた。そしてヒデだけでなく、オルガ、ヴ

オルガ宅に集まってヒデを囲む．前列右からヴェラ，オルガ，ヴェラの後方右からロビー，シディック，リリー，後列右端ヒデ，左端茅森邦夫夫妻．

六本木のレストラン「ブンガワン・ソロ」にて堀江元大佐，菊池夫人ネリーと．

エラ、リリーの三姉妹とも再会した。

その堀江は、それから一年ほどして大腸がんでこの世を去った。ヒデからはお悔やみの手紙とともにドルが送られてきたという。まだ一ドル三六〇円の時代であったから、とても価値のあるものだったと堀江の息子夫妻は語っている。

二度目の里帰り――東京オリンピック

ヒデはその後一九六四年にも来日した。このときは再婚してイタリアに行っていたエレナがオリンピックを見るために来日し、母もアメリカから招待したのである。エレナの泊まっている山王ホテルの大きなスクリーンには、開会式の様子が映し出されていた。話はそれるが、実はこのアジアで初めてのオリンピックにおいて、インドネシアの代表団たちは、政治の冷酷な現実のためにとても悲しい涙をのんだ。そのころ新興国との連帯を強め、むしろアメリカ、イギリスなどの欧米諸国を牽制しようとしていたインドネシアのスカルノは、一九六二年にジャカルタで開催されたアジア競技大会にイスラエルと台湾を参加させなかったことから、国際オリンピック委員会がインドネシアの東京オリンピック参加を禁止していたのである。しかし実際には、最後の瞬間にそれが取り消されることを期待してインドネシアの体育連盟はひそかに代表団を日本へ派遣し、彼らは東京のインドネシア学生会館で待機していたのだった。しかし出場は認められず、選手団は開会式の直前に東京から引き揚げることになったのである。

ヒデたちがそんなことを知っていたのかどうかはわからない。しかし、インドネシア選手たちの悲哀をよそに、このオリンピックは日本にとって最大の国威発揚の場、うなぎ上りに発展していく経済と豊かさのシンボルとなった。ヴェラの息子ロビーの案内で、ヒデは広大な代々木のオリンピック選手村を見学し、祖国の発展に目を細めた。

亡くなった父に代わって、高松から堀江元大佐の息子夫妻も呼ばれて駆けつけてきた。そしてヒデと一緒に狭いヴェラのアパートに泊まった。そのころヴェラはオルガの家を出て中野区にアパートを借りていた。そんなに広い家ではなくて、客が来たときにはロビーが隣の友人の家に泊まりに行ってスペースを作らねばならなかったが、それでも、ヒデはオルガの家よりもヴェラの家に泊まりたがったようだ。オルガの家に立ち寄っても「さあ、さあ、帰りましょう」と、すぐヴェラの家に帰るのだった。ヒデは椿山荘に和風庭園を見に行くなど、滞在を楽しんだ。

左からニシカワ夫妻，堀江元大佐の息子夫人，ヒデ，エレナ，堀江元大佐の息子(椿山荘にて)．

11 インドネシアに骨をうずめたヒデ

永住のためインドネシアへ

アメリカで、外目には何の不自由もなく暮らしていたヒデであったが、言葉が不自由なうえ、車がないと自由に動くこともできず、子供たちの誰かと一緒に住むことを余儀なくされていたことでいらいらを募らせていた。強いキャラクターを持っていたヒデにとっては、自分が主導権を取れない生活は、不自由そのもので、同居する家族としょっちゅう対立して、親族間を行ったり来たりしていたが、どこへ行ってもいさかいが絶えなかった。どの家族もヒデを心から気にかけていたし、血のつながった親子であるから、憎しみがあるわけではなく、すべて一時的なものであったが、晩年は、自分の居場所がなかなか決められず、不満がたまっていたようだ。

一九八一年には、カリフォルニアの家族と喧嘩でもしたのか、オランダへ行ってマーストリヒトのキラの家にかなり長く滞在し、ここにずっと住みたいなどと口にしていたそうだ。このオランダ滞在中、ちょうどパスポートが切れ、マーストリヒトで五年間有効のパスポートを取得している。それが現在も残っているので、最後の五年間の足跡を正確にたどることができる。

それを見ると、齢八〇前後になってからは、より頻繁にバンドゥンを訪問していたことがわかる。非常に長距離の旅であったが、八〇歳を過ぎても気丈に一人で旅立った。まず、マーストリヒトに滞在中、前述のようにバンドゥンのリリーの娘レヴァナがスカルノの息子と結婚することになり（一九八一年一〇月）、結婚式に出席してほしいとリリーから招待があった。そのためにハーグのインドネシア大使館で訪問ビザをとり、オランダをあとにした。レヴァナの結婚式のあと実際のところいつまで滞在したのかわからないが、結局このときは間もなく、ずっと住みたいと言っていたオランダではなくアメリカへ戻ったようだ。

カリフォルニアに戻ったヒデのもとに、翌一九八二年八月、長男のオレッグが脳腫瘍でアムステルダムで死去するという悲しいニュースが届いた。その少し前にマーストリヒトに住む弟のキラが、カリフォルニア、バンドゥン、イタリアの家族に危篤を伝える手紙を送った。手紙には「〔家族の意向で〕ママとヴェラに来てほしいと言っています」と書かれていたが、ヒデは体調を崩していたとのことで、アムステルダムには行けなかった。ちなみに、子供たちはおおむねそうであるが、キラはこのときの手紙もインドネシア語ではなくオランダ語で書いてきたので、ヒデは読めず、ワロージャの妻イングリッドにインドネシア語に訳してもらうしかなかったという。

しばらくのちに訃報が届き、多くの兄弟姉妹があちこちからアムステルダムに駆けつけ、久々の家族の再会を果たしたが、このときもヒデはカリフォルニアに留まった。ヒデにとって、子供を喪うのは一九五六年に猟銃事故で

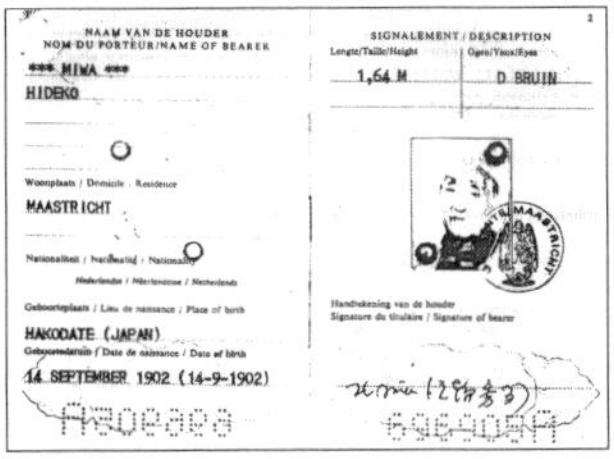

オランダで1981年に発行されたヒデのパスポート.

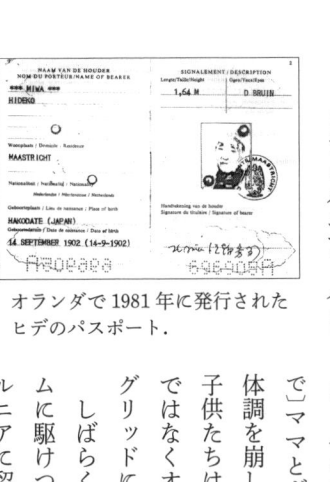

コラを亡くして以来で、どんなにか気落ちしたことだろう。それだけに、体調も悪くなってしまったのだろうか。

オレッグは、一九五八年にインドネシアを離れてオランダへ引き揚げてから一度もインドネシアの地を踏むことはなく、わずか六〇歳ちょっとで逝ってしまった。

オレッグの葬儀に駆け付けた子供たち（左からエレナ，キラ，ヴェラ）．

体調が回復したのか、オレッグの死後まもなく、ヒデは一九八二年九月二一日に再びインドネシアへ渡っている。九月一六日付でキラがヴェラに送った手紙には、「ママはもうインドネシアへ出発したか？　一四日に電話したときママは泣いてばかりいた……。ママがインドネシアで心が休まることを祈っているよ」と書かれている。おそらく傷心を癒すために、リリーが再びヒデを呼び寄せたのであろう。この滞在中、一一月にリリーの夫シディックが亡くなった。オレッグの死からわずか三カ月後だった。このときのインドネシア滞在は半年ほどで、一九八三年三月に東京経由でアメリカに戻ってしまった。なんとあわただしく往復していたのだろう。

自分が一番輝いていた時代に、九人の子供を育てながら四〇年近くも過ごしたものの、外国人排斥のムードのなかで、自分の意に反して退去せざるを得なかったインドネシアに対しては、晩年だんだんノスタルジアが強くなっていった。しかしいろいろな迷いもあったようで、なかなか「定住」の決意はできなかったことが、短い間にオランダへ行ったり、インドネシアへ二回も渡航したのちまたアメリカに戻ったり、というように、頻繁な往来を繰り返していることから察することができる。そのころヒデと一緒に住んでいた末子のワロージャは、ヒデは、自分の居場所を求めてあちこちへ足を運んだが結局しっくりくるところがなく、試行錯誤を繰り返していたようだと推測している。同居する子供たちとしっくり行かなかったのか、その土地にしっくり行かなかったのかはわからないが、何かにいらだっていたようだった。「国のない女」は、終の棲家を探して、絶えざる不安と焦りのなかにいたのかもしれない。また、子供たちも、互いに自分が面倒を見たいと、母親の取り合いのような状況が続いていたようだ。

それでも、最後はインドネシアに骨をうずめることに決めた。夫のシディックを失ったバンドゥンのリリーが、今度こそ一緒に住もうと、強い調子で母親を呼び戻したようだ。ヒデ自身もついに、身の周りを整理して、おそらくもう戻らない覚悟で、カリフォルニアをあとにしてインドネシアへ出発することに決めた。「もうインドネシアへ引っ越すわ」と言い放った母を、ワロージャは、「ああまたか。でもすぐ戻ってくるだろう」とあまり気にしなかったという。

ヒデは、一九八三年一一月に再びロサンジェルスでビザをとって、翌一二月に成田経由でインドネシアへ入った。それ以前の旅もそうであったが、八〇歳を過ぎてもヒデはたった一人で空の旅に出ている。お気に入りのＪＡＬに乗り、キャビン・アテンダントの助けを得ながらこの遠い旅を続けたのだった。そしてこれは、彼女にとっては最後の「国境を越える旅」となった。

バンドゥンでの日々

バンドゥンでは、ダヌブラタ家の広大な豪邸に広い居室を与えられ、滞在許可の延長を繰り返しな

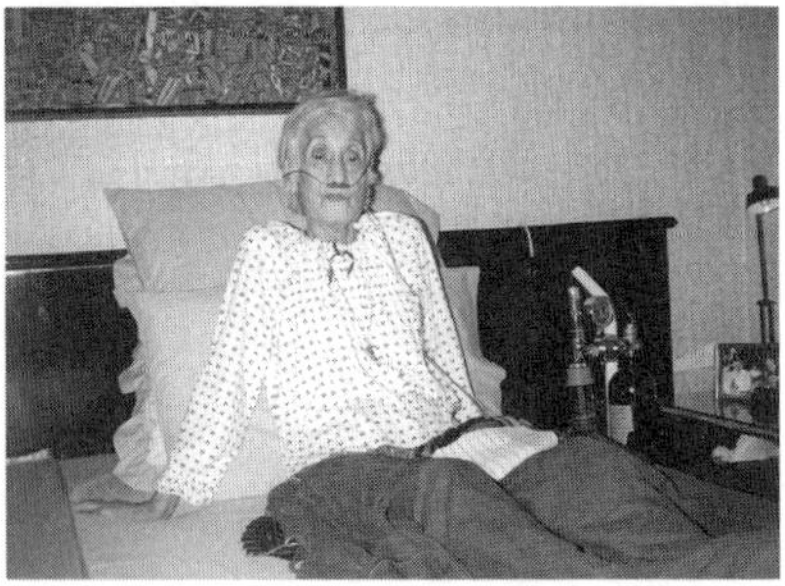

鼻に酸素チューブをつけたヒデ.

がら、リリーと未婚の三人の孫たちとの優雅な日々が始まった。八〇歳を超え、ヒデの体力はさすがに弱っていて、高血圧や喘息の持病にさいなまれて、バンドゥンではいつもその治療を受けていた。喘息に備えて酸素ボンベを用意し、常にヘルパーが付き添っていた。また、常に足のむくみに悩んでいた。そしてなにかあるとジェームズというヒデのお気に入りの華人の医師が駆けつけてきた。

お城のような豪邸に住み、どんなによくしてもらっても、一緒に生活していると実の娘とのあいだにも軋轢はあるものだ。リリーとはよく喧嘩し、そのようなときヒデは、プイと外へ出て、乗り合いミニバスに乗ってダウンタウンへ行ったが、気が済むとまた帰ってきた。そして孫たちと馬鹿話をしながら過ごした。

アメリカではワロージャの家族と一緒に暮らし、まだ妻イングリッドがいたころでも、家計はヒデが仕切っていた。働くイングリッドにとってはその方が楽でさえあり、なんでもヒデの好きなようにやってもらっていた。しかしリリーの家ではリリーが女王様。コック、掃除婦、庭師、運転手、警備員、すべてリリーの使用人だった。ヒデは時々アメリカのワロージャの別れた妻イングリッドに電話をかけて、「一隻の船に二人の船頭はいらないのよね」と愚痴をこぼしていた。

あるとき、最愛の孫、ワロージャの娘シャメーンがカリフォルニアで自動車事故に遭い、大怪我をした。母親のイングリッドから「私は仕事があってシャメーンの面倒を見なきゃならないので、悪いけどお義母さん帰ってきてくださらない？」と電話が掛かってきた。リリーとの意地の張り合いにうんざりしていたヒデは、これはよい機会とばかり、「すぐ帰るわよ」と答えたのだが、リリーの猛反対にあった。イングリッドのもとへは、しばらくして「帰れないのよ。〔アメリカの〕グリーン・カードがなくなっちゃったから」と返事が来たそうだ。イングリッドによると、リリーが母親をアメリカに帰らせまいとしてグリーン・カードを破り捨ててしまっていたということだった。本当に家族でおばあちゃんの取り合いをしていたようだ。老人の世話を押し付け合う昨今の日本の世相からすると、うらやましい限りである。ヒデはわがままであっても、裏表はなく、一本気で気持ちがすかっとしているうえ、どこかかわいげのある老人だったのだろう。そういう様子は、晩年を共にしたバンドゥンの孫たちの証言からよくうかがえる。

高血圧の持病を抱えていたヒデは、医者から塩辛いものを控えるようにと止められていたのであるが、インドネシアのイカン・アシンと呼ばれる塩漬けの干し魚が大好きだった。日本の棒鱈《ぼうだら》かあるいは塩鮭を思い出させるような味だったからかもしれない。黙って家を抜け出して、家の前を走っている乗り合いミニバスで市場へ行ってイカン・アシンを買ってきて、ティッシュに包んで食器棚に隠しておいた。見つかると、「あーあ、ばれちゃった」とけろっとしているのだった。

そのころヒデは、インドネシアの男性と結婚してバンドゥンに住んでいた、ふみこという日本女性と出会って親しくしていた。ふみこは一九六〇年代、日本の戦争賠償で支払われる奨学金をもらって日本へ留学して、宮崎で学んでいたムルヤルトという男性と知り合って結婚し、のちにこの夫についてインドネシアに渡り、その仕事の関係でバンドゥンに住んでいた。ヒデにとっては末娘のリリーと同年配の若い友人だったが、老後の鬱憤を晴らすためのよい話し相手だった。その時代には日本とインドネシアの経済関係のパイプは太くなっており、バンドゥンにも多くの日本人が居住していたが、ヒデは昔から、インドネシアの日本人コミュニティーと交わることはあまり好きではなかった。でもふみこは、一時期バンドゥンに滞在しても、いつか帰ってしまうほかの日本人とは違って、この地に骨をうずめる覚悟で夫についてきた女性であり、おそらく自分の身の上に重ねて親近感を覚えたのだろう。決して十分ではない夫の収入を補うために、ふみこはいろいろな仕事をして家計を支えていた。その彼女を、ヒデはブラガ通りに昔からあったレストランに誘って、時折一緒に食事を楽しんだりした(第Ⅳ部扉参照)。

ヒデを時折元気づけてくれたもう一人の日本人は、ジャカルタでもっとも古い日本食レストラン「菊川」を経営する菊池輝武だった。菊池は戦争中バンドゥン近郊のチマヒで、味噌、醤油、日本酒などを製造する軍の食品工場で軍属として働いていた。第7章でも紹介したが、そのとき知り合ったメナドの女性ネリーと恋に落ち、終戦後正規の手続きを取って結婚し、妻を連れて復員した。ヴェラと佐々木のような立場の夫婦で、実はヴェラやオルガと同じ引揚船で日本へ向かった仲だった。多くの「戦争花嫁」が日本での生活に絶望して婚姻を破綻させていったなかで、この二人はずっと仲睦まじく過ごし、一九五〇年代には東京六本木にインドネシア・レストラン「ブンガワン・ソロ」を開店していた。そのころヴェラやオルガとは仲良く交流を続けていて、ヒデが里帰りしたときも店に顔を出している(第10章二〇三頁下の写真参照)。

この夫妻はやがて「ブンガワン・ソロ」を息子に託し、一九六〇年代中ごろにはインドネシアに戻って、ジャカルタのチキニに日本食レストランをオープンしたのだった。一九八三年にヒデがバンドゥンに戻ってきてからは、時々訪ねてきて彼女の好物の虎屋の羊羹を差し入れしてくれた。菊池夫妻は、二〇一二年に夫の輝武が亡くなるまで添い遂げた、数少ない終戦時の国際結婚のカップルである。

ヒデは体の自由が利くときには台所に立って、お手伝いの手を借りて日本料理を作り、家族にも食べさせていたという。晩年には日本の味が懐かしかったのであろう。そのほか、針仕事が好きで、しばしば縫物をしていた。

そして孫たちと馬鹿話をしながら過ごした。孫たちとのやり取りはいつも楽しかった。孫もおばあちゃんをからかっては笑わせてくれた。

「おばあちゃん、おじいちゃんを好きだった？」

「好きじゃないわよ！」

「へえ。じゃあどうして九人も子供を産めたの？」

孫たちに昔のオランダ人の恋人の話をしたりと、ヒデは気さくなおばあちゃんだったようだ。孫たちにからかわれ、あまりに笑いこけて喘息の発作を起こし、「大変大変早く酸素ボンベもってきて」、「スプレーを……」などと、家じゅうがたいへんな騒ぎになったこともしばしばだったという。

ヒデは日本人離れしたキャラクターで、行く先々で人々の心をとらえたものだったが、孫たちの目にはヒデは日本人としてのアイデンティティーを持ち、とても日本的なメンタリティーを持った女性に映ったという。明治の日本女性の気概であろうか、「近頃の日本女性はまるでアメリカ人と同じね。まったく一ベンゴルほどの価値もないわ」が口癖だった。「ベンゴル」というのは、オランダ時代の最小の貨幣単位で、日本語で言えば「一銭の価値もないわ」というような意味だったのだろう。自分の娘時代には、「かわいい娘《こ》だね」などと後ろから声をかけられて、振り向こうものならはしたないと思われたが、今の娘さんたちにはそんな意識もないというのだ。

そのような一九八五年のある日、イタリア人と再婚し、夫の引退後はカリフォルニア州のカーメル・ヴァレーに夫とともに住んでいたエレナが、肺がんで死亡した。実は彼女は、その前にインドネシアを訪問したとき、まったく別件でダヌブラタ家のホームドクター、ジェームズ先生に診てもらったところ、肺に小さな影が見つかり、アメリカへ帰ったら精密検査を受けるようにと言われたのだという。エレナの死を知ったとき、ヒデはパニックを起こし、すぐにアメリカに戻るのだと言い張った。しかし体力的にもすでに不可能になっていた。

また一九八六年一月には、レヴァナの夫タウファンが末期がんでアメリカから戻って間もなく息を引き取った。この三〇歳にも満たない若者の死に、ダヌブラタ一族も深い悲しみに陥った。体力がかなり弱っていたヒデは、タウファンのジャカルタでの葬儀に出席することはできず、バンドゥンで留守を守った。

カリフォルニアに残っていた子供たちも、母のことは常に心にかけていた。残されているヴェラのパスポートの記録を見ると、彼女は、母がインドネシアへ戻った後、二回バンドゥンを訪れ、母に再会している。最初は一九八四年九月、もう一回は一九八五年九月で、このときはカリフォルニアに住む弟のシュラと一緒だった。その後末弟のワロージャも、すでに病気でかなり体が弱っていたヒデを訪ねてバンドゥンへ行くことができた。彼にとっては、一九五七年に去ってから初めてのインドネシア訪問だった。しかしこのとき貯金を使い果たしてしまったので、その一年後のヒデの葬儀には行くことができなかった。

さらにヴェラは、カリフォルニアからヒデに宛てて、テープに録音して声の便りを送るなどの心遣いをしている。「アイスルママへ」と書かれたカセットテープが残っていて、私も聞かせてもらったが、ヒデがなくなる直前の一九八六年の六月二五日、つまりニコライの誕生日に録音されたもののようだった。だから実際このテープがヒデに届いていた可能性は低い。ヴェラは日本生活が長かったので、日本語は不自由なかったが、それでもヒデとの会話はインドネシア語交じりで、この録音の時もインドネシア語で語りかけている。発音もイントネーションも自然で流暢なインドネシア語だった。「私はインドネシア語を話すのがむずかしくなったわ。いちいち考えないと言葉が出てこないの」と言いながら、実はとても流暢にしゃべっている。途中でしばらく日本語に代わる部分があるが、それもまた多少アクセントがあるものの、流暢である。

バンドゥンを訪れたヴェラと再会.

ちなみにヒデは、ヴェラとの手紙でのコミュニケーションには、お互いにカタカナだけの日本語を使っていたらしい。「ママからの手紙受け取ったわ。ママはもううまく日本語が書けないのね。間違いがいっぱいあった。でもヴェラは頭がいいから何とか理解したわよ」とヴェラは書いている。ヒデがヴェラに宛てて書いたと思われるカタカナの手紙が、ヴェラの遺品のなかに何通か残っているが、確かにかなり読みにくいカタカナ文である。それでもヒデにとっては、娘に宛てて書くことができる唯一の言語が日本語だったのだろう。そして便りの内容をオランダ語に訳して、シュラやワロージャに見せてやってくれと書いている。

どうやら最後の最後までヒデは、アメリカへ帰った方がよいのでは、と心が揺らいでいたようだった。それはアメリカへの愛着ではなく、ハワイのオルガも含めて四人の子供がまだ住んでいる国だから、というつながりのせいだったと思われる。

声の便りのなかでヴェラは、「ママはアメリカに帰りたいというけど、ここの生活はたいへんよ。まず健康保険がないし。病院はものすごく高いの。法律が変わって老人も医療費が有料になったの。出産のときも、法律が変わって有料になったの。出産のときも、病院へ行かないで、dukun〔産婆〕を呼ぶ人がいるの。あるいはメキシコまで行ったりして。病院で産んでも、出産して四時間後には退院する。手術しても一泊だけで退院するとか……」と語って、インドネシアに留まるように促している。

また、こうも語っている。「チカワル時代オーマは、クーリーのように働いたわね。だから今も健康なのね。チカワル時代は一番〝シアワセ〟「ここは日本語で語っている」だったわね」。本当にそれは一家が最も輝いていた古き良き時代だったのだろう。

最後の時

それでもついに最後の時がやってきた。しばらく前からヒデの体調がよくなかったので、その日(一九八六年七月一二日)は、孫のパンパンがヒデの部屋で一緒に寝ていた。朝五時ごろ目覚めたヒデは、ヘルパーの助けを得てトイレに行き、戻ってきてから急に呼吸が荒くなった。苦しそうに、まだ眠っていたパンパンの名前を呼んだ。パンパンはあわててリリーを起こし、ジェームズ先生を呼んだが、もう遅かった。死亡診断書には五時四〇分臨終となっているから、長く苦しまずに、発作からほとんど間もなく亡くなったのであろう。国籍はオランダ、生誕地はハコダテと明記されている。

葬儀はカトリック教会で行われた。亡くなるまでにヒデが洗礼を受けていたかどうかはわからないが、ヒデをカトリックで見送りたいというのはリリーの願いだった。リリーは小さいときにロシア正教の洗礼を受け、その後、結婚に際しては夫に従ってイスラームに改宗していたが、彼女自身の心の中ではカトリックの信仰が芽生えており、夫の死後カトリックに改宗していた。そしてヒデにもその洗礼を受けさせたいと努力し、毎週司祭に来てもらってキリスト教の講話を聴いていた。

お悔やみにダヌブラタ家を訪れたデヴィ夫人(左から三番目.その左はリリー).

インドネシアでは通常死後数時間で土葬にするのであるが、遠方にいる子供たちの到着を待つため、遺体は三日間棺に入れたまま、世界各国に散っている子供たちを待った。アメリカからヴェラ、そしてオランダからキラが駆けつけてきた。ヒデの容体が悪くなったころからリリーやヴェラがお金を出して航空券を買い、キラをインドネシアへ行かせようとしてくれた。それで出発準備をしていた矢先に臨終の通知が来たのだった。キラにとっては母の葬儀が三五年ぶりのインドネシアだった。そのころまだジャカルタに住んでいたデヴィ夫人もお悔やみに駆けつけてきてくれた。

ヒデ、インドネシアに眠る

ふみこの話では、ヒデは日頃から「インドネシアで死にたい。死んだら火葬して灰は海に捨ててちょうだい」と言っていたそうである。ヒデの墓は別れた夫ニコライの傍らに用意された。「〝三輪秀之墓〟ってどんな漢字で書くの？」と尋ねられ、ふみこが紙に書いて渡したところ、その字体がそのまま彫りこまれて墓石になった。

　葬儀も埋葬もリリーがその子供たちの助けを得て仕切った。父ニコライのときもそうであった。埋葬後の挨拶状は、アムステルダムのオレッグやコラの遺族、ホノルルのオルガの家族、ミラノのエレナの遺族、サンフランシスコのヴェラの家族、マーストリヒトのキラの家族、サンノゼのシュラの家族、モルガンヒルのワロージャの家族ら、すべての家族（遺族）の名前で出された。

　函館市出身で、たまたまヒデの晩年に、日本人学校の校長としてバンドゥンに赴任していた山田富雄は、地元道南の校長会の同好雑誌に、次のような文章を載せている。

　七月一三〔ママ〕日、八四歳の日本人のおばあちゃんの葬儀に行ってきました。どうしてこんなお年寄りがバンドンにいたのかとお思いでしょう。実はこの人、日本名を三輪秀子さんというのですが、六〇年以上インドネシアに暮らしている人です。一ケ月ほど前に、私はお会いしようと思い知人を介してコンタクトを取ったのですが、ちょうど都合が悪く、夏休みにでもと思っていた矢先の死去だったのです。

同じ函館の出身だと知ったなら、日本人との接触をあまり持たないヒデでも、きっとなつかしいと思ったことだろう。

今ヒデは、リリーが自分の最後の仕事、と情熱を傾けて作った、一族の大きな私有墓地に移され眠っている。それはバンドゥンの中心部にある英雄墓地の後方の見晴らしのよい傾斜地を造成して作られた。丘陵を上りつめると、向かって右側にグラーヴェ家、左側にリリーの婚家ダヌブラタ家の人々の墓標が建っている。グラーヴェ家はニコライ、ヒデのほか、若くして猟銃事故で死んだコラの墓もある。ダヌブラタ家の方はシディックとその母、そしてリリーの死産した子供が葬られている。シディックの父は国家の英雄に認定され、この家族墓地の下の方にある国家の英雄墓地に別途葬られている。

ニコライとヒデの墓前に集うダヌブラタ一家．左端クリシュナ，中央前列レヴァナ，その後ろリリー，右端ユラ（2015年筆者撮影）．

国のない女

こうして、波乱万丈な、そしてグローバリゼーションを地で行ったかのようなヒデの生涯に幕が下りた。国籍の上では日本人として生まれて、白系ロシアの亡命者である夫とともに無国籍者としてインドネシアに住んだが、政治的な事情でオランダのパスポートを取得してこの国を去り、オランダやアメリカに移住した。しかし最後は、自分が一番輝いていた時代を過ごしたインドネシアに再び戻り、ここで永遠の眠りについた。

どの地にあっても力強く生きた、明治生まれの日本女性とは思えないようなボーダレスな人生。ヒデは、その華やかな容貌と装いから、一見ひどく日本人離れしているようにも見えるが、孫たちは口々に「オーマは日本女性だった」と言う。常に自分を失わず、一見自己主張が強いようではあるが、しかしそれでいて、究極的には、家族を支え、家族のために身を捧げることを常に自分の生き方の指針としてきた日本の女だというのだ。

しかし、数奇な華々しい人生であったことは間違いない。コスモポリタンな女性として最後まで自我を確立させ、世界を渡り歩いて己の人生を貫いた三輪ヒデ。激動の歴史のはざまにあって、いつでもどこにいても自分の本来の「祖国」はどこにもなく、国家や国際関係の波に翻弄され、「自分はなに人なのか？」というアイデンティティーを常に問い続けなければならなかった三輪ヒデ。個人の運命は、しばしばその意に反して国家や国際関係の犠牲にされる。ヒデはそれに黙って耐え、歴史の潮に何度も流されつつも、必ずそこから這い出して華麗な人生を打ち立てていった。劇的なまでの逆境に翻弄されても決してみじめではなく、いつも優雅に運命に立ち向かっていく、その底力はすさまじいものであった。

あとがき

インドネシアの文書館で見つけたある一通の手紙から始まって、まったく何もわかっていなかったあるファミリーの歴史を掘り起こし、それを一冊の本にまとめるというこの作業は、謎解きのような、とてつもなく遠い道のりだった。その一通の手紙から、このファミリーに不思議な興味を持ったのであるが、その詳細はまったくわからず、雲をつかむような話であった。有名人でもなんでもないこのファミリーに関しては、研究論文は勿論のこと、あるいは当人たちが残した日記や回想録類も存在せず、いちから口頭での聞き取りで情報を集めてストーリーを組み立てていくしかなかったのである。

グラーヴェ・ファミリーに魅せられて

しかし実に幸運だったのは、「はじめに」で述べたように、このロシア人と日本人夫妻の末娘、リリーさんがバンドゥンでまだご健在で、お会いできたということである。そしてそこから少しずつ一家のおおよその運命が見えてきた。リリーさんやそのお子さんたちのもとへは何十回も足を運び、ヒデが最後に残していったアルバムやその他の資料も多々ご提供いただいた。

筆者に提供する資料を探す最大の協力者リリーとロビー．2015年バンドゥンにて．

ヒデを中心に描くにしても、もう没後三〇年以上過ぎており、九人おられたお子さんも、リリーさんとカリフォルニアにいる弟のワロージャさんだけになっていた。この二人のお子さんは、それぞれ一九三五年と一九四〇年生まれで、彼らの戦前の記憶は非常に限られていた。とりわけ一九〇二年生まれのヒデの生い立ちから結婚、そしてインドネシアに落ち着くまでの月日のことはまったく分からなかった。

そのようなときリリーさんから、日本に嫁いだ姉ヴェラさんと日本人男性佐々木さんとのあいだに生まれた息子ロビー・グラーヴェ（ウラディーミル・ロベルト・グラーヴェ）さんがカリフォルニアにおられるので、まず会ってみたらどうかと勧められた。さっそく連絡を取ったところ、まもなく仕事で来日されたときに、宿舎の帝国ホテルでお会いすることができた。中学校卒業まで日本で育った彼は、祖母のルーツをいろいろ調べたいと思っていたところだと語り、これ以後全面的な協力を約束し、私と二人三脚のように「探偵ごっこ」にのめりこんでくださった。これが第二の大きな幸運であった。リリーさんとロビーさん、このお二人の長期にわたるご協力がなかったなら、この本はできあがっていなかったであろう。

それにしても、このお二人もご存知なくていちばん苦労したのは、ヒデの出自、生家の歴史、彼女の生い立ち、その後の実家の家族の消息などであった。ヒデは函館生まれだとリリーさんもロビーさんも知っていたが、函館のどこなのか、そこにまだ親戚がいるのかなどは何もわからなかった。ただリリーさんの手元にヒデの昔の戸籍が残されていたので、これが唯一の頼りとなった。

私自身も何度か函館や札幌に足を延ばした。ロビーさんは、以前カリフォルニアの彼の会社で働いていた函館出身の石橋恵子さんに、ヒデおばあちゃんのルーツ探しを依頼したことがあったのだそうだ。幸運なことに、今は函館に戻っている石橋さんはかつて、戸籍に出てくる地名を頼りにヒデの生地を探求なさったことがあり、私の調査を快く手伝ってくださった。

郷土史の専門家や、役場の戸籍係の方々のご協力も得て、長く音信が途絶えていたヒデの血縁の人たちを見つけ出し、その軌跡をたどることができた。そしてヒデの母方の姪がまだ二人、札幌と、渡島半島の上磯郡にご存命であることがわかったのである。彼女たちはヒデと直接面識はなく、「昔そういう親戚のおばさんがいたということは聞いている」し、インドネシアから送られた写真がうちに残っているという程度の知識ではあったが、私の訪問を契機に関心を持って、積極的にヒデの母方の親戚の「その後」について、情報集めに協力してくださった。

また三輪家の直系の子孫、三輪隆至氏も、おばあちゃん探しをしていたロビーさんとネット上でつながって名乗りを上げてこられた。彼はヒデの腹違いの兄で、三輪家の跡取りであった隆庸氏の孫にあたる。

その過程で、在日ロシア人についての研究をしておられる清水恵さんという函館在住の歴史家が、白系ロシア人ニコライへの関心から、以前グラーヴェ夫妻についてあるご著書のなかで言及されていたことがわかった。清水さんは研究途上で若くして亡くなってしまわれたのだが、集められた史料や残された書き物を参考にさせていただくことができた。そういう様々な方々のご協力を得て最初の基礎的な情報を得ることができ、その後は時間をかけてじっくり進めた。

バンドゥン時代の日本人社会との交流については、オランダ領東インドの邦人社会の研究をしておられる青木澄夫さんに、ご自身の足で集められた貴重な情報や写真を提供していただいた。

次いで、日本に嫁いだヒデの二人の娘たちの日本時代の生活や、里帰りをしたときのヒデのことを知るために、ヴェラさんが一時期佐々木さんと暮らした京都や大阪、そしてもちろんオルガさんやヴェラさんやロビーさんが住んでいた東京でも調査を展開し、彼らの生活を知る家主さん、お手伝いさん、そして友人たちにもお会いした。さらにヒデの母タキや姉妹が戦後住んでいた静岡県の興津や、堀江元大佐のご一家が住んでおられる香川県の高松にも足を運んだ。

オランダやカリフォルニアに住むヒデの末子や、亡くなった息子たちの連れ合い、その子供たちとの面会も実現した。彼らは、それぞれ写真や、古い手紙など何らかの貴重な資料を持っておられた。

最後に予定していたイタリアへ嫁いだ次女エレナさんの子供たちへのインタビューは、コロナ禍に見舞われ、イタリアへ行けなくなったため不可能になったが、奮起して、WhatsApp, FaceTime, Zoomなど使い慣れないソーシャルメディアを駆使してビデオ通話でインタビューをすることができた。

このように、調査は数えきれないほどの方々のサポートのうえに実現した。どなたも快く、ほとんど忘れていた昔の断片的な記憶を思い出しながら語ってくださった。お名前は一人ひとり挙げることはできないが、そのすべての方々に心から御礼を申し上げたい。

人にお会いするだけでなく、まるで捜査官が現場検証をするときのように、私はヒデやその子孫の生涯の様々な断面をこの目で確かめることに固執した。見ることによって、そのときの匂いや肌の感触が伝わってきて歴史がリアルに浮かび上がってくるのだ。函館ではヒデの生家の跡地、ニコライと結婚式を挙げたハリストス正教会や五島軒、三輪家の墓のある高龍寺を訪れた。何度も足を運んだバンドゥンでは、ヒデが最後の住家として暮らしたスティアブディ通りのリリーさんの家を基地として、グラーヴェ家の墓地や、一九五〇年代にヒデが華やかな日々を送ったエルリッヒ通りの家やブラガ通り、ホーマン・ホテル周辺をまわった。アムステルダムやカリフォルニアでヒデが過ごした家も訪ね、できる限りこの目で見て写真におさめた。たどっていけばいくほど、広大な歴史のロマンや哀しみが秘められており、私は本業を離れて、ますますこの家族の一代記のとりこになってしまったのであった。

不思議な接点

実は、一五年近くかけてグラーヴェ・ファミリーを追っていく過程で、私自身も不思議な縁で自分がこのご家族と接点を持っていたことがわかってきた。というのは、ヴェラさんやオルガさんが日本で生活を営んだ東大久保の家を訪ねてみると、なんとそれは私が小学校の高学年から中学にかけて過ごした住居の目と鼻の先であった。そして聞いてみると、ロビーさんが通った新宿区立天神小学校や大久保中学校は私自身の母校でもあった。しかもロビーさんと私はわずか二学年違いで、彼は私の弟と同学年だから、小学校のどこかで、あるいは家の近くできっとすれ違っていたと思われるのだ。

さらにまた、函館は、私が父の転勤で、東京を離れて中学時代の一時期を過ごした思い出深い街であり、しかも我が家はヒデとニコライが結婚式を挙げたハリストス正教会の並びにあって、よくその庭で遊んだものだった。またヒデの父の眠る三輪家の墓や、母の眠る茅森家の墓は、函館の私の恩師の眠る高龍寺にあった。調べていくうちに何か不思議な因縁と力を感じ、私はこの物語を書くべく運命づけられていたのではないかという気さえしてきて、そのことが、私をさらにこの一家の歴史の探求にのめり込ませていった。

こうして気が付いてみると、最初に文書館で一通の手紙を見つけてから、はや一五年の年月が経ってしまった。これまで私が手掛けてきた「大東亜」戦争や、一九六五年のインドネシアでの大量虐殺の歴史などと比べて、ロマンに満ちた、楽しい、それでいて、歴史の重みを痛感させる調査であった。

この一家は、ロシア革命、日本のインドネシア占領統治、インドネシアの独立をめぐるオランダとの長い闘い、植民地から追われる旧支配者たちの引き揚げなど様々な歴史の重要な断面で、その生活を大きく揺さぶられている。ある意味で、政治や国際関係に人生を翻弄されたのであるが、それに負けずに、そこから常に強く立ち上がってきた。

「国のない女」という表現で描いた三輪ヒデは、日本で日本人の両親から生まれ、亡命ロシア人と結婚して、オランダ領東インドに移民した。そこでは祖国ロシア帝国なきあと「無国籍者」となった夫のステータスに準じて、自分も無国籍者として生きた。やがて夫と離婚するのだが、そのとき、独立したばかりのインドネシアはまだ日本と国交を持っておらず、彼女は日本国籍の復活をしなかった。オランダ領で生まれたためオランダ国籍を取得した子供たちに従って、やがて彼らとともにオランダへ移住するが、それに際してはオランダ人男性と偽装結婚してオランダ国籍を取得した。結局死ぬまでその国籍を保持し続けたが、居住地は間もなくオランダからアメリカへ移し、晩年になってインドネシアのバンドゥンを終の棲家にえらび、一人だけこの国に残っていた末娘の家で八四歳の生涯を終えた。

ヒデの九人の子供たちの国籍は、日本、インドネシア、オランダ、アメリカ、イタリアにわたり、二二人の孫も全世界に散らばり、そのなかには日本国籍のロビーさんもいる。一つのファミリーのなかで、国籍だけでなく、言語、文化、宗教、そしてもちろん各自が抱くアイデンティティーも多様である。

このような多様性のなかで、ヒデは常に、「結局自分はなに人？」と問い続けていたであろう。「国のない女」は、人々がグローバリゼーションという言葉を口にするようになるずっと以前に、すでに国境を越えた生き様を無意識のうちに体験していたのである。一二〇年近く前の一九〇二(明治三五)年に、地方都市のごく普通の家庭に生まれた女性が歩んだ、思いもよらないような波乱万丈な、しかし華麗な生涯だった。

そのような女性の生きざまを描くわけであるから、単に一家の歩みを綴るだけでなく、それをその時々の歴史に照らし合わせて、そのなかに正確に位置づけるよう心掛けた。そのために、多少冗漫にはなったが、背景となる歴史的な記述もできるだけ詳細に加えた。一つの家族史を語りながら、読者にはマクロな歴史の流れもお伝えしたいと考えたのである。それゆえできるだけ史実に忠実に、口頭情報の裏づけを取っていく必要があったが、私にとっては未知の歴史を掘り起こさねばならないことが多かった。これまでの狭いインドネシア史の知識だけではとても足りず、異なる分野の研究者の専門的知識や知見をたくさん拝借した。函館の歴史に関しては、函館市文学館の竹原三哉さんから、函館の白系ロシア人に関しては日露関係史の専門家・倉田有佳さんから数多くの資料や知見を提供していただいた。倉田さんは、私が読めないロシア語の文献の内容についてご教示くださった。ロシア史の大家である北海道大学名誉教授の安藤厚さんは、ニコライのロシアでの経歴に関し私の記述をチェックしてくださった。オランダとロシアの関係については水島治郎さんや作内由子さんにご教示いただいた。これらの方々のご協力がなかったなら、歴史書としての正確さを期すことができなかった。ここで深く御礼申し上げたい。

このようにして、歴史に書き留められることもなく、家族の心の中だけに生き続けていたこの女性の生きざまを描き、現代に住む人々と体験を共有できたことは歴史家としては本望である。

さらに出版に関しては、以前別の著作でお世話になった岩波書店の藤田紀子さんが、もう数年前から関心を示してくださり、辛抱強くその完成を待ち、最後に出版への道筋をつけてくださった。年表や家系図、そして地図の作成など自らパソコンをたたいてご協力くださった。そのご協力と励ましがなかったら途中であきらめてしまったかもしれない。

そして、一人ひとりお名前は申し上げられないが、この本の完成のために協力し、応援してくださったすべての方々に心から御礼を申し上げたい。

二〇二〇年一二月一五日　猛威を振るうコロナ禍のなかで

倉沢愛子

参考文献・インタビュー記録

単行本・論文

青木澄夫(二〇一七)『日本人が見た一〇〇年前のインドネシア――日本人社会と写真絵葉書』じゃかるた新聞社
井上尚(二〇〇〇)「田辺引き揚げの回想(前編)――現地の婦女子を引率して」
大庭定男(一九九六)『ジャワ敗戦抑留日誌 一九四六―四七年 南方軍政関連史料22』龍溪書舎
外務省通商局編『海外日本実業者の調査(明治三六年〜昭和一四年)』全八巻、不二出版(復刻版)
加納格(二〇一〇)「ロシア難民と国際社会――一九二一年」『法政大学文学部紀要』六一号
菊池輝武(一九五二)「裏切られたインドネシアの花嫁たち」『婦人公論』三八巻一一号
熊谷孝太郎(二〇〇七)『はこだて 記憶の街』モール(はこだて写真図書館)
倉田有佳(一九九八)「二つの大戦間の亡命ロシア人社会――在京浜ロシア人学校と在京浜亡命ロシア人社会」『ロシア史研究』六二号
倉田有佳(二〇一九)「ロシア避難民と日本の受入れ策(一九一七―一九二五年)」『ロシア史研究』一〇三号
後藤乾一(一九八六)『昭和期日本とインドネシア――一九三〇年代「南進」の論理・「日本観」の系譜』勁草書房
五島軒編(一九九九)『北の食文化に灯をともして――五島軒創業一二〇年のあゆみ』五島軒
清水恵(二〇〇五)『函館・ロシア その交流の軌跡』函館日ロ交流史研究会
ジャガタラ友の会編(一九七八)『ジャガタラ閑話――蘭印時代邦人の足跡』(非売品)
ジャガタラ友の会編(一九八七)『写真で綴る蘭印生活半世紀――戦前期インドネシアの日本人社会』ジャガタラ友の会
ジャカトラ会編(一九六一)『東印度諸島引揚者名簿』
須藤隆仙(一九七八)『新訂 函館散策案内』南北海道史研究会
デヴィ・スカルノ(一九七八)『デヴィ・スカルノ自伝』文藝春秋

ラトナ　サリ　デヴィ・スカルノ(二〇一〇)『デヴィ・スカルノ回想記――栄光、無念、悔恨』草思社
富岡松子(一九二二)「病院情話　誠意をこめて」『ニコニコクラブ』弥生号　＊大正・昭和初期に函館で刊行されていた大衆文化情報誌
長縄光男・沢田和彦編(二〇〇一)『異郷に生きる――在日ロシア人の足跡』成文社
南洋協会編(一九三九)『蘭領印度邦人商社名簿』
元木省吾(一九六九)『函館大正史郷土新聞資料集2』(非売品)
能登尚平(一九五四)『ブンガワン・ソロ――能登尚平画帖』能登君画帖刊行会
函館市史編さん室編(二〇〇七)『函館市史　年表編』函館市
函館の歴史的風土を守る会編(一九八九)『函館のまちなみ――函館の歴史的風土を守る会創立一〇周年記念誌』五稜出版社
函館ハリストス正教会史編集委員会編(二〇一一)『函館ハリストス正教会史――亜使徒日本の大主教聖ニコライ渡来一五〇年記念』函館ハリストス正教会
東印度日報社編(一九三九)『蘭領東インドにおける日本人の商業活動一覧(*Directory of Japanese Netherlands-Indies Commerce*)』
前田治行(一九七八)「バンドン邦人の歩んだ姿」前掲『ジャガタラ閑話――蘭印時代邦人の足跡』
松浦章(二〇一五)「南洋郵船会社の航路案内」『或問』二七号
村山良忠(一九八五)「戦前期オランダ領東インドにおける邦人経済進出の形態――職業別人口調査を中心として」『アジア経済』二六巻二号
山田富雄(一九八六)「バンドン通信　その五」『清風』八九号(檜山校長会刊行)
Coljin, Helen (1989) *De Kracht van een Lied*, Franeker: Uitgeverij van Wijnen.
Jongbloed, H. H. (1980) "Nederlands-Sovjetrussische diplomatieke betrekkingen: De moeizame geschiedenis van het akkoord van 10 Juli 1942," *BMGN—Low Countries Historical Review*, 95(3).

新聞・雑誌

Dagblad(一九四七年一一月一一日、一二月二四日、一九四八年一月二九日)＊バタヴィアで刊行されていたオランダ

語紙
The Mainichi(一九四六年七月九日)
Bataviaasch Nieuwsblad(一九二二年三月一四日)＊バタヴィアで刊行されていたオランダ語紙
読売新聞(一九五三年一一月二四、二七日)
朝日新聞(一九六五年三月二五日)
朝鮮新聞(一九二一年六月一八日)＊ソウルで刊行されていた日本語紙
爪哇日報(一九三六年一一月二三日)＊バタヴィアで刊行されていた日本語紙
河北新報(一九五四年七月一一日)＊仙台で刊行されている日刊紙
函館日日新聞(一九三三年九月二日)＊函館で刊行されていた日刊紙

公文書
インドネシア共和国国立文書館所蔵資料
　在日オランダ軍事使節団関係文書(蘭印政庁官房長官文書 Algemeen Secretarie 1592)
オランダ国立文書館所蔵史料
　在日オランダ政府外交代表関係文書(Archief van de Nederlandse diplomatieke vertegenwoordiging te Japan, Tokio, 1946-1954 toegang no. 2.05.116)

インタビュー
［グラーヴェ家］
リリー・ダヌブラタ(Lily Danubrata)
　ヒデの四女：二〇〇八年七月二二日、八月一三、一四日、一二月二九日、二〇一一年二月二五日、二〇一五年八月一三―一五日、二〇一六年三月二一日、二〇一七年七月二七日(バンドゥンにて)
レヴァナ・スカルノ(Levana Sukarno)
　ヒデの孫(リリーの長女、スカルノの息子タウファンの妻)：二〇〇八年八月一四日、二〇一五年八月一三―一五日(バンドゥンにて)、二〇二〇年一一月(複数回)(WhatsApp にて)

クリシュナ・ダヌブラタ(Krisna Danubrata)
　ヒデの孫(リリーの長男)：二〇一五年八月一三―一五日(バンドゥンにて)
パンパン・ダヌブラタ(Pampam Danubrata)
　ヒデの孫(リリーの三男)：二〇一五年八月一〇日(ジャカルタにて)
ロビー・グラーヴェ(Roby Grave)
　ヒデの孫(ヒデの三女ヴェラの長男)：二〇〇八年一〇月一三日に初インタビュー後、十数回(東京、サンフランシスコにて)、二〇一一年二月一〇―一五日(サンフランシスコにて)、二〇一五年八月一三―一五日(バンドゥンにて)
淑子グラーヴェ
　ロビー・グラーヴェの妻：二〇一〇年九月二九日(東京にて)
佐々木一男
　ヒデの三女ヴェラの夫：二〇〇八年一〇月(電話にて)、二〇〇九年一月二四日(京都にて)
ワロージャ・グラーヴェ(Waloja Grave)
　ヒデの五男：二〇一一年二月一一日(サンノゼにて)
イングリッド・グラーヴェ(Ingrid Grave)
　ヒデの五男ワロージャの元妻：二〇一一年二月一四日(サンノゼにて)
エヴァリン・グラーヴェ(Ivalin Grave)
　ヒデの四男シュラの妻：二〇一一年二月一四日(サンノゼにて)
アーシャ・グラーヴェ(Asha Grave)
　ヒデの三男キラの息子：二〇一〇年一一月一六日(ハーグにて)
テレーサ・グラーヴェ(Theresia Grave)
　ヒデの三男キラの妻：二〇一〇年一一月二一日(マーストリヒトにて)
ルイ・ウィンザー(Louis Winsser)
　ヒデの孫(ヒデの次女エレナの長男)：二〇二〇年一一月に複数回(メールにて)
イヴォンヌ・ウィンザー(Yvonne Winsser)

ヒデの孫(エレナの長女):二〇二〇年一一月に複数回(メールにて)
ロベルト・ファルキ(Roberto Falchi)
ヒデの孫(エレナの次男):二〇二〇年一一月二二日(ビデオ通話ならびにメールにて)

[ヒデの親族]
茅森久美子
ヒデの甥(ヒデの異父姉茅森タツの息子)の長女:二〇一一年四月八日(静岡市清水区興津にて)
伊藤禮子
ヒデの姪(ヒデの実妹ツネの娘):二〇一一年六月一二日(北海道上磯郡にて)
永淵喜美栄
ヒデの姪(ヒデの母タキの前夫の息子武田千之丞(ヒデの異父兄)の娘):二〇一一年六月一二日(札幌にて)
五十嵐君江
ヒデの遠縁(北海道松前郡松前町在住):二〇一一年六月六、九、二〇日(電話にて)
安田叡子
ヒデの姪(三輪隆庸(ヒデの異母兄)の五女):二〇一一年六月四日(埼玉県にて)
三輪隆至
三輪隆庸(ヒデの異母兄)の四男吾郎の長男:二〇一一年五月二五日(東京にて)

[友人・知人]
植村みさこ
佐々木一男の妹:二〇一〇年二月一日(大阪府四條畷市にて)
堀江康雄・範子
堀江三鹿喜元大佐の息子夫妻:二〇一〇年一月三一日(香川県高松市にて)
ふみこ・ムルヤルト
晩年のヒデとの話し相手(バンドゥン在住):二〇〇八年八月一四日(バンドゥンにて)

平井(旧姓中村)道子
　オルガ、ヴェラ一家が住んでいた家の家主の長女：二〇一一年一月一四日(東京にて)
宮館和子
　オルガ一家(ニシカワ家)のお手伝いさん：二〇一〇年一〇月三日(東京にて)
寺門有二
　オルガ、ヴェラの友人：二〇一一年三月三一日(東京にて)
菊池輝武
　ブンガワン・ソロ、菊川店主(インドネシア女性と結婚して日本に引き揚げ)：二〇〇八年三月二八日(ジャカルタにて)
山田富雄
　バンドゥン日本人学校長：二〇一〇年四月一三日付書簡にて
大庭定男
　元在バンドゥン陸軍主計少尉：二〇〇八年九月二九日(東京にて)
倉田有佳
　亡命ロシア人についての研究者：二〇一一年六月一三日(函館にて)
ニコライ司祭
　ハリストス正教会司祭(モスクワ出身、一九九二年来日)：二〇一一年六月一三日(函館にて)
若山直
　五島軒社長：二〇一一年六月二七日(電話にて)

1962年8月　デヴィ，修道院への雲隠れ事件
1964年10月　ヒデ，二度目の里帰り(オリンピックの年)
1965年2月　ヴェラとロビー，アメリカへ移住
1965年4月　ニコライ死去(バンドゥンにて)
1965年10月　9.30事件
1967年　オルガ一家，夫の転勤でハワイへ
1968年ころ　ヒデ，オランダ訪問．キラ宅に滞在
1972年ころ　ヒデ，インドネシア訪問
1980年　ヴェラの息子ロビー，日本女性と結婚
1981年　ヒデ，オランダ訪問
1981年10月　リリーの娘レヴァナ，スカルノの息子タウファンと結婚．ヒデ，オランダからかけつける
1982年8月　オレッグ死去
1982年9月　ヒデ，インドネシア訪問．1983年3月まで滞在
1982年11月　リリーの夫シディック死去
1983年12月　ヒデ，インドネシアに移住
1984年9月　ヴェラ，バンドゥンのヒデを訪問
1985年　エレナ死去
1985年9月　ヴェラ，シュラとともに再度バンドゥンのヒデを訪問
1985年末　ワロージャ，バンドゥンのヒデを訪問
1986年1月　レヴァナの夫タウファン死去
1986年7月12日　ヒデ死去(バンドゥンにて)

三輪ヒデ関連略年表

1946年6月　長女オルガと三女ヴェラ，バンドゥンを発つ(7月名古屋着)
1946年秋　ニコライとヒデ，逮捕される
1947年5月21日　ニコライ釈放
1947年5月30日　日本の姉妹宛てのエレナの手紙
1947年11月13日　ヒデの裁判開始
1948年1月　ヒデに2年の有罪判決
1949年2月　ヴェラ，ロベルト(ロビー)を出産(大阪にて)
1949年12月　オランダ，インドネシアに主権委譲
1950年1月20日　ニコライとヒデ離婚成立
1950年1月23日　ウェスタリング事件
1950年9月　サンフランシスコ講和会議
1950年　オルガ，日系アメリカ人ニシカワと再婚
1951年　三男キラ，西イリアンへ
1953年11月　四女リリー，ミス・インドネシアに
1954年　リリー，シディックと結婚
1955年4月　アジア・アフリカ会議
1955年　次女エレナ，離婚してバンドゥンへ戻る
1956年2月　次男コラ，猟銃事故で死亡
1956年　四男シュラ，オランダへ移住
1957年2月　五男ワロージャ，オランダへ移住
1957年12月4日　インドネシア政府，オランダ資産の接収開始
1958年1月　日本とインドネシアの国交樹立
1958年2月11日　ヒデ，ジャカルタでサウエルとの婚姻届を提出(オランダ国籍取得)
1958年　ヒデ，オレッグ一家とともにオランダへ移住
1959年4-7月　ヴェラとロビー，インドネシア訪問
1959年9月　ヒデ，サウエルとの離婚届提出
1959年　エレナ，イタリア人のファルキと再婚
1960年3月　ヒデとワロージャ，アメリカへ移住
1960年末　エレナ，イタリアへ移住
1961年　ヒデ，初めての里帰り(アメリカから)
1962年　デヴィ・スカルノ，タイガーバーム社長の息子の妻とともにリリーの家を訪問
1962年　キラ一家，西イリアンからオランダへ移住

三輪ヒデ関連略年表

1884年6月　ニコライ，ロシアのカザン県で生まれる
1902年9月　ヒデ，函館に生まれる
1917年　ロシア革命
1919年　ニコライ，シベリアで堀江中尉に会う
1920年11月28日　ニコライとヒデ，函館で結婚
1921年2月　ヒデ，函館病院に入院
1921年6月　ニコライ，ソウルで格闘技の試合出場
1921年　ニコライとヒデ，オランダ領東インドへ移住
1922年1月　長男オレッグ誕生(ジャカルタにて)
1922年2月　ニコライ，足を怪我してレスリング界を引退
　この間にバンドゥンに移る
1923年6月　長女オルガ誕生(バンドゥンにて．以下末子(五男)まで同様)
1926年2月　次女エレナ誕生
1927年3月　三女ヴェラ誕生
1927年8月　父三輪持死去
1928年7月　次男コラ誕生
1930年5月　三男キリル(キラ)誕生
1932年1月　四男アレクサンドル(シュラ)誕生
1933年9月2日　函館日日新聞にヒデの紹介記事
1935年6月　四女リディア(リリー)誕生
1940年6月　五男ウラディーミル(ワロージャ)誕生
1941年2月　グラーヴェ一家，日本軍の侵攻が近づくとともにオランダ官憲に逮捕されサラティガへ連行
1942年3月　日本軍の占領により釈放され，バンドゥンへ戻る
1942年7月　オランダ亡命政権，ソ連を承認
1943年　ヒデの長兄三輪隆庸死去(釧路にて)
1945年8月　終戦，インドネシア独立宣言
1945年10月　英印軍第37旅団，バンドゥンに進駐
1946年　2月　英印軍第23師団，バンドゥンに進駐
1946年3月　バンドゥン火の海事件

倉沢愛子

1946年生まれ．1970年東京大学教養学部卒業．1979年同大学博士課程を単位取得退学，2012年博士号取得．また，1988年コーネル大学でPh. D. 取得．摂南大学教授，名古屋大学大学院教授，慶應義塾大学教授を歴任．現在，慶應義塾大学名誉教授．専攻はインドネシア現代史．この間，頻繁にジャワの農村等でフィールドワークを実施．
『日本占領下のジャワ農村の変容』(草思社，サントリー学芸賞受賞)，『女が学者になるとき』(草思社)，『「大東亜」戦争を知っていますか』(講談社現代新書)，『インドネシア大虐殺──二つのクーデターと史上最大級の惨劇』(中公新書)，『楽園の島と忘れられたジェノサイド──バリに眠る狂気の記憶をめぐって』(千倉書房)，『資源の戦争──「大東亜共栄圏」の人流・物流』(岩波書店)，『9.30　世界を震撼させた日──インドネシア政変の真相と波紋』(同)など著書多数．

南島に輝く女王　三輪ヒデ──国のない女の一代記

2021年5月13日　第1刷発行

著　者　倉沢愛子《くらさわあいこ》

発行者　岡本　厚

発行所　株式会社 岩波書店
〒101-8002 東京都千代田区一ツ橋2-5-5
電話案内 03-5210-4000
https://www.iwanami.co.jp/

印刷・三陽社　カバー・半七印刷　製本・牧製本

ISBN 978-4-00-024183-0　　Printed in Japan